JUBILACCIÓN

ROBERTO RODRIGUEZ

www.jubilaccion.guiaburros.es

EDITATUM

Diseño de cubierta: © María José Ocón Ortigosa (EDITATUM)
Maquetación de interior: © EDITATUM

Primera edición: Diciembre 2019

ISBN: 978-84-18121-08-1
Depósito legal: M-40390-2019

Si después de leer este libro, lo ha considerado como útil e interesante, le agradeceríamos que hiciera sobre él una **reseña honesta en Amazon** y nos enviara un e-mail a **opiniones@guiaburros.es** para poder, desde la editorial, enviarle **como regalo otro libro de nuestra colección.**

Agradezco al gran equipo que hay detrás de Editatum y Gruporum por su excelente coordinación a la hora de promocionar mi primer libro y por la confianza que han puesto en este segundo.

Así mismo, agradezco a Javier Cantera, Presidente de Auren BLC, que aceptase escribir el prólogo, y a Fernando Fanego, Vocal del ICAM y Soledad Moro, Vocal de ASEME, por animarme siempre a difundir estos conocimientos.

No puedo olvidar a mis compañeros de la Unidad Especializada de Pensiones e Inversiones de Mapfre que asesoran día a día acerca de esta materia.

Por último, agradecer a Alfredo Urdaci y Raúl Jiménez (AJE) por su continuo apoyo a las iniciativas que ponemos en marcha en la empresa Brandrock.

Este libro, como el anterior, lo dedico a mis padres, hermanos, familia, buenas amistades y a ti, Sara.

Sobre el Autor

Roberto Rodriguez nació en Madrid en 1973. Es Licenciado en Económicas, máster en Mercados Bursátiles y Derivados Financieros, Experto Universitario en Técnicas de Estadística Multivariante y Experto Universitario en Métodos Avanzados de Estadística Aplicada.

Es CSO de *Ludiana-Brandrock*, y tiene más de quince años de experiencia en la implantación de sistemas de compensación, retribución flexible, previsión y bajas incentivadas en la empresa, así como en el asesoramiento financiero de inversiones en los mercados financieros, para lo cual tiene la acreditación MIFID II por el Instituto Español de Analistas Financieros.

Índice

Prólogo

Durante mucho tiempo, la jubilación se entendía como el pasar de estar en la esfera de contribuir trabajando a estar en la esfera reactiva de la recepción de una pensión. Pero este modelo basado en la contribución de la gente activa para pagar las pensiones de la gente pasiva no es para nada razonable hoy en día. La jubilación de los *baby boomers*, el incremento de la edad media de mortalidad, la inestabilidad de los mercados financieros y, por último, los grandes cambios que ha habido en el modelo de contribución con la sustitución de los contratos de trabajos por robots, nos llevan a plantear la *JubilAcción* más que la pasiva jubilación. En este sentido, este libro de mi inquieto amigo Roberto Rodríguez es una gran aportación, pues pone el foco en la acción para hacer más atractivo el jubileo de nuestras postreras décadas. Acción en un triple sentido:

- Acción para planificar nuestras necesidades futuras cuando tengamos menores oportunidades de contribuir trabajando.
- Acción para prolongar nuestro tiempo de contribución y para demorar el tiempo de necesidad para disponer de nuestros ahorros.
- Acción para ahorrar con inteligencia para tener diversificadas nuestras entradas de «insumos» cuando tengamos necesidades de disponibilidad de dinero por dependencia, es decir, más necesidad de «consumo».

Planificar, prolongar y ahorrar son los tres verbos de acción que hay que introducir en la forma de pensar frente a nuestros futuros destinos. Decía Pedro Salinas: «Saca de ti, tu mejor tú», y yo creo que debemos de sacar de nuestro presente el mejor futuro. Sin descuidar el *carpe diem* ni el *tempus fugit* tenemos que introducir en nuestro acontecer diario lo que yo llamo el «Gradiente de Incertidumbre Futura» (GIF).

La primera forma de acción es la planificación. Ahora si recordaremos a Goya cuando decía que «el sueño de la razón produce monstruos». No debemos de encajarnos en una tabla de planificación. Hay gente obsesionada con su jubilación sin saber ni siquiera si llegará a tener esa necesidad. Por eso, es necesario acotar el pensamiento de la planificación al GIF. No se trata de planificar hipótesis que te construyas en tu presente, sino introducir en tu futuro el criterio de «holgura» presupuestaria para ahorrar todos los días con la idea de obtener los réditos en tus años de dichosa senectud.

Planificar no es solo ahorrar, también es saber dónde tienen que estar los ahorros para que estos sean rentables y podamos beneficiarnos de ellos. Es por esto por lo que para planificar estas cuestiones adecuadamente se necesita asesoramiento especializado; solo así se podrán conocer los medios más adecuados a nuestro perfil profesional y niveles de ingresos. Hemos de basarnos siempre en visiones realistas y adecuadas y no tomar decisiones desde el corazón sin tener en cuenta la razón. Decía Cabrera Infante que «Muchas utopías terminan en Etiopias», esperemos pragmáticamente la retribución a tu planificación y no creamos en «arcadias» ilusas que, por cierto, además de no existir, te dejan una cara de tonto inmensa.

La segunda acción es prolongar nuestro trabajo. Tenemos que cambiar radicalmente el actual discurso de la discontinuidad del trabajo: hasta tal día trabajas y a partir de aquí no. Además de las razones económicas, como la de ir trayendo al entorno familiar algunos haberes que sirvan para mantener el nivel adquisitivo, debemos tener en cuenta la activación humana de estar trabajando en otras condiciones y dedicación para la vejez activa. Los programas de *antiaging* no los necesitaban nuestros abuelos en el campo, que seguían ayudando después de haberse jubilado en otros menesteres y en otros momentos. Mantenerse activos es psíquica y físicamente una gran oportunidad para ser felices y tener calidad de vida en nuestras últimas décadas. La de sentirse útil es una necesidad psicológica para el bienvivir. En este sentido, prolongar nuestro trabajo a tiempo parcial como *freelance* o como apoyo episódico es una gran oportunidad social y económica de saber convertir nuestra jubilación en una clara *JubilAcción*. Y como decía Goethe cuando le comentaban que tenía mucha edad: «la noche es la mitad de la vida, y la mejor mitad».

Prolongar no significa agotarse, dedicación excesiva y seguir ritmos infernales. Tenemos que tener en cuenta que el trabajo es una curva normal y que el momento de apogeo profesional no se da al final de la carrera sino en el medio. Como en todo proceso, se sube y se baja; no debemos pensar en renunciar solo por el hecho de no estar en lo más alto. Esta desaceleración profesional es un proceso mental que se da en todos los trabajadores, que han de aceptar que sus carreras van languidecer y que van a surgir nuevas necesidades en otros entornos.

Dedicaciones parciales en empresas del Tercer Sector, colaboraciones con fundaciones y asociaciones y otros menesteres nos permiten mantenernos activos y aminorar nuestra disponibilidad económica de los ahorros. Hemos de perseverar para mantenernos activos y siempre recordar lo que decía el gran filósofo Nietzsche: «La ventaja de la mala memoria es que uno disfruta varias veces de las mismas cosas buenas por primera vez». La pregunta clave en nuestra *JubilAcción* sería ¿Cuándo fue la última vez que hiciste una cosa por primera vez? Llenar tu vejez de primeras veces te hará más feliz, y creo que la psicología ha demostrado que recordar momentos felices es una fuente inmensa de alegría que multiplica su efecto cuando se mezcla con la dicha de hacer una cosa por primera vez.

La tercera y última forma de acción en la jubilación es el ahorro. Sin tener ahorro para cubrir el GIF poco podemos hacer. Planificar y prolongar son acciones proactivas, pero lo más proactivo es el ahorro permanente, medido, calculado y establecido, sin caer en argumentos mendaces como el dejar todo el dinero a tu familia o el gastar a cualquier precio. Como decía un maestro de vida que tuve, ni todos somos Luis XV, que decía eso de después de mí que venga el diluvio, ni somos Mr Scrooge, que no quería ni celebrar la Navidad por no gastar sin saber a quién se lo iba a dejar. La templanza al ahorrar es una virtud a la hora de evitar gastos superfluos y no esquivar necesidades manifiestas. El jugar con el ahorro sin disciplina se suele antojar a largo plazo como un verdadero proceso caduco e infructuoso.

Me encanta ser muy realista en el ahorro, porque como bien decía Francisco de Quevedo: «Nadie ofrece tanto como el que no va a cumplir». Ahorrar es un verbo activo y no debemos encerrarlo en el depósito de los posibles pero no necesarios. Muchas personas nos hablan del ahorro como un futurible cuando es algo que arrastramos desde nuestro primer trabajo. Ahorrar es una actitud que conjuga con la A de austeridad y de armonía y que no debe tener efecto *Dunning-Krug*, según el cual la ignorancia genera confianza más frecuentemente que el conocimiento, mientras que el conocimiento genera más compromiso que la ignorancia.

Planificar, prolongar y ahorrar son la acción de la *JubilAcción*, y gracias a este libro tenemos la oportunidad de ilustrarnos adecuadamente acerca de estas cuestiones. Del autor, mí querido amigo Roberto, solo indicar que la bonhomía en un asesor financiero es muy difícil de conjugar. Su enorme corazón y su manera de contextualizar razonamientos le convierten en un gran asesor. En su afán de conseguir acción hacia la jubilación es un gran artista, que como Confucio sabe que el hombre mueve montañas, pero empieza lanzando piedrecitas.

Este libro es una gran piedrecita que empieza a mover la montaña de nuestra jubilación. Yo por lo menos, tras leer este libro pienso que la jubilación es *JubilAcción* y la mejor acción es reaccionar a tiempo para pensar que si no ahorro, planifico y prolongo no tendré la vejez activa que me gustaría. Y eso sí, ¡todos los días pensando hacer algo nuevo que sea la primera vez! ¿Para cuando aprenderé «mandarín»?…. Gran libro, pardiez.

F. Javier Cantera
Presidente AUREN BLC y de la
Fundación Personas y Empresas

Parte I

Regulación actual sobre la jubilación

Justificación de la planificación de la jubilación

Hoy en día es algo muy habitual escuchar debates o noticias en los medios de comunicación acerca de la existencia de dudas acerca de si la Seguridad Social podrá seguir asumiendo las pensiones de jubilación, o si es un bulo intencionado de algunos sectores económicos o políticos por minorar las prestaciones públicas.

Según mi opinión, atendiendo a factores puramente racionales, el problema es lo suficientemente agudo como para detenernos a plantearnos cómo debemos planificar el patrimonio durante nuestra vida laboral para poder vivir dignamente después de la jubilación.

El estado de bienestar que conocemos hoy en día en Europa fue un logro cosechado tras la Segunda Guerra Mundial en 1946, momento en el que se puso el acento en que el estado debía asegurar unas mínimas prestaciones sociales en cuanto a jubilación, sanidad, desempleo, educación y otros servicios públicos.

Las teorías económicas del genial economista inglés John M.Keynes, expuestas tras la Gran Depresión del 29, ayudaron a fundamentar teóricamente la intervención del estado en la economía en épocas de recesión o profunda crisis económica. Ello llevó a una época de crecimiento y estabilidad económica en Europa sin precedentes que duró hasta la crisis del petróleo de 1973, tras la que resurgieron nuevos planteamientos que alejaron algo a las medidas keynesianas del protagonismo político. Pero la más reciente crisis de la liquidez del 2008, (acuérdense de noticias como la quiebra de Lehman Brothers, rescate de AIG en USA, la crisis subprime...) ha llevado a los bancos centrales a dar prioridad al nuevo keynesianismo mediante la inyección de dinero en la economía, y por los resultados obtenidos en EEUU, Japón y posteriormente en la Unión Europea, podemos decir que las medidas han funcionado correctamente.

Estado de Bienestar
en los países occidentales

Aun así, han aparecido nuevas amenazas al Estado de Bienestar en algunos países occidentales, entre los cuales el nuestro es uno de los peores situados. Esto se debe principalmente a dos factores determinantes:

Uno es la ampliación de la esperanza de vida. Según los últimos estudios, este hecho conlleva a que a mediados de este siglo habrá más de 200.000 personas mayores de 100 años en nuestro país, mientras que en 1975 la esperanza de vida era de 70 años. A mediados del siglo XXI habrá unos 15 millones de pensionistas frente a los 9,5 millones actuales. El número de pensionistas aumentará en un 50%, lo que supondrá un importante reto para el estado de bienestar actual y también para los trabajadores, que tendrán que trabajar durante 30 años para pagar sus pensiones.

El segundo factor determinante es que la proporción de mayores que estarán percibiendo pensión de jubilación, respecto a los ciudadanos que estén trabajando, que son los que mantienen las pensiones de los jubilados, será menor.

Según un estudio reciente de la OCDE en 2050 habrá 76 pensionistas por cada 100 trabajadores, lo que implica un ratio trabajador/pensionistas de 1,31 muy alejado del ratio de sostenibilidad mínimo que está establecido en 2 trabajadores por pensionista.

Los que nacimos en el llamado «*Baby Boom*», es decir entre 1960 y 1975, no tenemos tantos hijos como nuestros padres, ya que ellos tenían de media casi 3 hijos y nosotros apenas algo más de 1. Esto está suponiendo un cambio importante en la pirámide poblacional, de tal forma que el ratio de número de jubilados por trabajador es cada vez mayor, lo cual hace peligrar las cuentas de la Seguridad Social.

En muchas ocasiones, cuando hablo de este tema con alguien, por ejemplo tomando un café, la solución que me plantean siempre es la misma, la inmigración. Dejamos entrar a unos cuantos millones de inmigrantes y ya está….todo solucionado, así, de un plumazo, que sean ellos los que vengan a trabajar por salarios ínfimos para sustentar nuestras pensiones.

Habrá gente que siga creyendo en esas «recetas de cafetería» sobre la política del país, pero me parece a mí que la cosa es más complicada.

Solo con ver la multitud de jóvenes españoles, que salen del país, muchos de ellos bien formados, ante las «fantásticas» oportunidades que el mercado de trabajo español les brinda, nos está diciendo que esa solución no es viable.

El problema del envejecimiento poblacional debe ser abordado con algo más de seriedad.

Les pongo como vivo ejemplo del problema poblacional a mi propia familia. Mis padres trajeron al mundo a tres pequeños, mi hermano en 1964, mi hermana en 1967 y yo en 1973, justo 3, la media de aquella época. Posteriormente mi hermano ha tenido 3 hijos, mi hermana 1, y yo, todavía no me he estrenado, con lo cual también cumplimos con la media actual, es decir algo más de 1 entre los 3 hermanos.

Ante este escenario, y llevando más de tres lustros asesorando a las personas en el ámbito de la jubilación en una división especializada de la aseguradora más grande del país, Mapfre, he creído oportuno aportar mi granito de arena con algunos conocimientos, para que ustedes los analicen con sosiego y se pongan en marcha con la construcción de ese patrimonio que será necesario dentro de muy poco para poder vivir bien los últimos años de vida.

Muchos de ustedes dirán que cómo van a generar patrimonio con tanto gasto en comida, ropa, colegios, móviles, coche, préstamos e hipotecas, y tienen toda la razón, no me malinterpreten, pero si pudiéramos en algunos momentos reorientar parte de la renta al ahorro, seguro que algo obtendríamos después de pequeños esfuerzos durante muchos años.

Veamos algún dato que nos pueda hacer ver mejor esto. El punto de partida es la pensión media que en nuestro país recibimos. Si atendemos a la pensión de jubilación en la denominada «España vaciada» (zonas rurales), esta asciende a 1.083 €, mientras que la media nacional es de 1.138 €; en las zonas rurales los jubilados están percibiendo un 5% menos.

Y si atendemos a la pensión media de un jubilado que ha cotizado en el Régimen de Autónomos, la misma apenas llega a unos 680 €/mes según datos de principios de

2019, lo cual supone una merma con respecto a los trabajadores en el Régimen General de un 41% en la pensión, por lo que los algo más de 3,2 millones trabajadores que cotizan en este régimen, que suponen un 17% del total, que hoy asciende a algo más de 19 millones, tendrán unas pensiones sensiblemente más bajas.

Afortunadamente tenemos un buen ejemplo en los países nórdicos y centroeuropeos, desde donde nos llega una sencilla y útil estrategia: cuando un joven se pone a trabajar destina una pequeña proporción de su sueldo a un ahorro a largo plazo. En España, en cambio, cuando un joven se pone a trabajar, ya tiene la nómina necesaria para pedir un préstamo y comprarse un coche.

Si hacen una simulación en cualquier web bancaria para solicitar un préstamo de por ejemplo 20.000 € para comprar un coche, la cuota de devolución del préstamo a devolver en seis años sale por 358 €/mes, con una TAE del 12,19%, algo totalmente asumible por un joven que vive con sus padres y que ha encontrado un trabajo de, por ejemplo, 1.000 € netos al mes. Al final del período de devolución del préstamo, habrá pagado 27.245 €

Ello ha supuesto que el 37,22% de lo que ha pagado al banco en todos esos años han sido solo intereses

Esa invisibilidad del verdadero coste del préstamo nos hace menos sensibles a la necesidad del ahorro, porque nos hace creer que el precio de las cosas es menor de lo que realmente cuestan, por lo que puede ser una causa más que justifique el desfase del ahorro a largo plazo respecto a algunos países europeos.

Estudios de la OCDE indican cuanto tendrán que reducirse las pensiones de jubilación en España para sostener el sistema. Para ello utilizan el concepto de «tasa de sustitución o de reemplazo» mediante la cual se calcula el tanto por ciento que supone la pensión de jubilación respecto al último salario recibido. La media europea es del 63%, mientras que en España es del 82%, y en el caso de administraciones públicas sin grandes problemas financieros como las Alemania e Inglaterra son de un 37% y un 30% respectivamente.

La conclusión del estudio es la siguiente: si en España queremos mantener algún sistema público de pensiones que no quiebre, tendremos que acercarnos a baremos más sostenibles, por lo se apunta a tasas de reposición de un 50%. Es decir, para poder sostener el sistema deberíamos percibir como pensión la mitad de nuestro último salario.

En definitiva, no solo nos enfrentamos a amenazas objetivas como son el incremento de los años que vivimos y el alarmante descenso del número de trabajadores por pensionista, sino que en nuestro país hay además otro asunto que tiene que ver con la perspectiva social y personal desde la que se pretende disfrutar la vida.

Si queremos tener una idea global de todo lo que concierne a nuestras vidas y la de nuestros familiares en esa etapa, debemos de analizar los aspectos que conciernen a nuestro patrimonio en el ámbito de la fiscalidad de la herencia.

Hoy más que nunca, este aspecto cobra especial importancia debido al impuesto de sucesiones y donaciones gestionado por las comunidades autónomas y a la existencia cada vez mayor de familias divorciadas, familias monoparentales, parejas de hecho y parejas que conviven felizmente con hijos que no han valorado la repercusión fiscal. Todo esto hace necesario analizar dicha repercusión para ver las opciones que existen a la hora de aliviar el impacto tributario.

Queremos ver todo de manera global. No solo se trata de planificar la jubilación patrimonialmente, sino de optimizar fiscalmente la percepción de los ingresos del patrimonio y de la herencia.

Tiene usted entre sus manos un libro que llama a entrar en acción y a sensibilizar al ciudadano para que la jubilación no sea un problema después de tanta lucha y trabajo en nuestras vidas, sino un sereno paso más.

Ha llegado el momento en el que la jubilación en las familias debe ser una prioridad que exige dedicación, medidas, decisiones, y esfuerzo, todo ello encaminado a generar una nueva actitud frente al reto que tenemos delante. Póngase ya a ello, sea proactivo y prepare con conciencia su *JubilAcción*.

Seguridad Social
y jubilación

Una vez que sabemos que tenemos que ponernos a tomar decisiones sobre la gestión de nuestro patrimonio y ahorros, la siguiente fase a abordar es: ¿qué hago?, ¿por dónde empiezo?

La respuesta es clave. Para tomar una decisión tendré que saber cuál es la legislación actual en materia de jubilación, y una vez tenga más o menos una idea de ello y de por dónde van las tendencias para los próximos años, podré tener consciencia de mi situación actual, y así decidir.

Ya saben el dicho, «la información es poder».

Situación de la Seguridad Social
en España

Hablar de las cuentas públicas en nuestro país es sinónimo de déficit. Nos hemos acostumbrado a esta situación incluso en las épocas en las que España crecía más que la media europea; es un rasgo tradicional de nuestras cuentas públicas.

Se estima que en el 2022 el agujero en la Seguridad Social superará los 30.000 millones de Euros.

En estos momentos en los que les escribo, verano del 2019, no tenemos gobierno, las negociaciones se han endurecido tanto que no parece viable ningún escenario y las perspectivas de nuevas elecciones incluso se ven como más que posibles.

Si me dejan opinar políticamente sobre el asunto, veo más interés en los partidos por «no cometer errores» en sus estrategias frente al voto fiel y consolidado y por captar a los votantes de partidos afines, que por afrontar la realidad política. Necesitamos urgentemente verdaderos hombres de estado.

El Banco de España y el FMI han indicado recientemente que podrían peligrar las pensiones en caso de vincular las mismas al IPC y que las proyecciones del gobierno español presentadas ante la Unión Europea son difíciles de conseguir debido a que, en opinión de estos organismos, va a ser muy difícil que España baje del 10% de la tasa de paro. Y es que las tasas de paro en España siempre han sido excesivamente altas, por lo que la recaudación de la seguridad social se resiente.

En estos momentos estamos en una tasa desempleo del 14%, pero hemos tenido en la peor parte de la crisis 22 trimestres con tasas de paro por encima del 20%, lo que supone un verdadero reto para la Seguridad Social.

El pacto de Toledo

Esta comisión parlamentaria fue creada en 1995 para analizar los problemas que el sistema de pensiones actual pudiera tener, adelantarse a ellos y proponer medidas al Congreso para solventarlos.

Desgraciadamente, en esta última legislatura vivida no hubo acuerdo entre los grupos parlamentarios y a finales de febrero pasado se dio carpetazo a la comisión hasta la creación de un nuevo gobierno.

Aun así, hay algunos principios generales que recomienda la comisión del Pacto de Toledo, como son el oponerse a cualquier transformación radical del actual sistema, el principio de solidaridad entre generaciones, así como mantener las cotizaciones como fuente principal de ingresos, haciendo una llamada a la necesidad de apoyos económicos adicionales que provengan de la imposición general para financiar la Seguridad Social.

Sin ir más lejos, el Tesoro Público lleva tres años sufragando los déficits de la Seguridad Social, por lo que habrá que imaginar ayudas económicas en ese sentido.

El Factor de sostenibilidad

El factor de sostenibilidad fue introducido por la *Ley 27/2011 de Reforma de la Seguridad Social* como consecuencia de las recomendaciones de la Comisión del Pacto de Toledo.

Este factor será aplicado a partir de 2027, y analizará si

la evolución de la esperanza de vida de los españoles al cumplir 67 años en el año 2027 es muy diferente de la esperanza de vida al cumplir esa edad en futuras revisiones efectuadas cada 5 años.

Me explico, imaginemos que la esperanza de vida al cumplir 67 en el 2027 es de 21 años más, o sea, que esperaremos vivir 88 años. Imaginemos ahora que tras cinco años, se revisa el dato y ha habido algunos avances médicos significativos y la calidad de vida sigue siendo envidiable, de ahí que se calcule que vayamos a vivir 30 años más, lo cual supondría que esperaríamos vivir hasta los 97 años. Esto implicaría que para pagar tanta pensión sin que el sistema público no se vaya abajo se tendrían que reducir las prestaciones.

¿Cómo se van a implantar los factores de sostenibilidad y de equidad intergeneracional?

La *Ley 23/2013* ha introducido una reforma importante en las pensiones y ha puesto en marcha algunos instrumentos para lograr que el sistema sea sostenible.

Una de las medidas ha sido desvincular la revalorización de las del IPC (aunque después de las elecciones generales de noviembre, el gobierno que se forme, tras el pacto PSOE-Unidas Podemos puede tomar las medidas en sentido contrario). Esta medida es el denominado **Factor de Revalorización Anual,** lo que implica que si las cuentas de la Seguridad Social son deficitarias, las pensiones subirán solo un 0,25%, mientras que si las cuentas de la misma son positivas, se podría subir el valor correspondiente al IPC+0,5%.

Regulación actual de la pensión de jubilación en la Seguridad Social

La actual legislación en materia de jubilación viene recogida según el régimen en el que se encuadre la actividad del trabajador o profesional, siendo en este momento los siguientes:

— Régimen General de la Seguridad Social.

— Régimen Especial de Trabajadores Autónomos.

— Régimen Especial de la Minería del Carbón.

— Régimen Especial de Trabajadores del Mar.

En este libro profundizaremos en los dos primeros, ya que suponen casi la totalidad de los trabajadores en España.

Más o menos todos intuimos cuando hay que cotizar en el Régimen General de la Seguridad Social y cuando en el de Trabajadores Autónomos, pero aclararemos algunos supuestos que no son tan obvios a primera vista.

Encuadramiento en el Régimen General

El primero de ellos, el Régimen General, engloba como característica principal a aquellos trabajadores con **contrato laboral**, pero también se deben incluir en este a los siguientes casos:

— Artistas.

— Profesionales taurinos.

— Representantes de comercio que median para cerrar operaciones mercantiles para sus representados sin correr el riesgo de las mismas.

También están encuadrados en este régimen general, los denominados «Sistemas Especiales» que engloban algunos casos más singulares y que son:

— Trabajadores fijos discontinuos de empresas de estudio de mercado y opinión pública.

— Trabajadores fijos discontinuos de cines, salas de baile y de fiesta y discotecas.

— Manipulado y empaquetado del tomate fresco, realizadas por cosecheros exportadores.

— Servicios extraordinarios de hostelería.

— Industria resinera.

— Frutas, hortalizas e industria de conservas vegetales.

— Agrario.

— Empleados de hogar.

Encuadramiento en el Régimen de Trabajadores Autónomos

Por otro lado, el Régimen de Trabajadores Autónomos engloba, de manera general a aquel trabajador que realiza de «forma habitual, personal y directa una actividad económica». Pero también engloba a algunos casos que a primera vista no son tan obvios como son:

— Los escritores de libros.

— Los trabajadores «autónomos económicamente dependientes», que son aquellos que perciben como mínimo el 75% de sus ingresos de la misma persona física o jurídica.

— Los trabajadores autónomos extranjeros residentes en territorio español.

— Los socios de sociedades colectivas y sociedades comanditarias.

— Los socios trabajadores de las cooperativas.

— Los comuneros o socios de comunidades de bienes y sociedades civiles irregulares.

Donde nos detendremos algo más por sus peculiaridades será en los siguientes casos:

El de trabajadores que deben estar inscritos en un Colegio Profesional para ejercer su actividad.

- El de los administradores y consejeros de las empresas.
- El de la situación de familiares que colaboran con el autónomo.

Veámoslo.

Profesionales que ejerzan una actividad por cuenta propia que requiera la incorporación a un Colegio Profesional

En este caso hay que hacer una pequeña aclaración, pues suele haber equívocos.

Recuerdo que hace un par de años, dando una conferencia en el Colegio de Ingenieros Técnicos Industriales de Madrid, vi que la confusión que había entre los mismos era tremenda, lo que originó un interesante intercambio de información de situaciones personales.

El caso es que, en este caso depende de que el Colegio Profesional se haya integrado o no en el Régimen Especial de Trabajadores Autónomos para ejercer la profesión que representa. Quedan exentos así de la obligación de alta en el Régimen Especial de Trabajadores Autónomos los colegiados que optaron por incorporarse a la Mutualidad de Previsión Social establecida por el Colegio Profesional, la cual debe haber sido constituida antes del 10 de Noviembre de 1995.

Administradores, consejeros y el «control efectivo» de la sociedad.

Se encuadran en el Régimen Especial de Autónomos quienes ejerzan funciones de dirección y gerencia en la empresa, las cuales conllevan el desempeño del cargo de «consejero o administrador».

También se encuadran aquí aquellos que, sin tener los anteriores cargos, presten otros servicios para una sociedad mercantil capitalista a título lucrativo y de forma habitual, personal y directa, siempre y cuando posean el «control efectivo» de aquella.

Se entenderá que se tiene el «control efectivo» cuando las acciones o participaciones del trabajador supongan, al menos, la mitad del capital social.

También puede la administración pública entender que «se presumirá el control efectivo» cuando concurran algunas de las siguientes circunstancias:

— Que, al menos, la mitad del capital de la sociedad para la que preste sus servicios esté distribuido entre socios con los que conviva y a quienes se encuentre unido por vínculo conyugal o de parentesco por consanguinidad, afinidad o adopción hasta el segundo grado. Segundo grado incluiría, para aclararnos, a padres, hijos, hermanos, abuelos y nietos.

— Que su participación en el capital social sea igual o superior a la tercera parte del mismo.

— Que su participación en el capital social sea igual o superior a la cuarta parte del mismo si tiene atribuidas funciones de dirección y gerencia de la sociedad.

Caso de autónomos que tienen a familiares colaborando con él, sin tener estos la condición de asalariados.

Los familiares, hasta el segundo grado inclusive (hasta el tercer grado en el caso de trabajadores del Sistema Especial de Trabajadores Autónomos), por consanguinidad, afinidad y adopción que colaboran con el trabajador autónomo de forma personal, habitual y directa que no tengan la condición de asalariados, deberán cotizar en el Régimen de Autónomos.

Cómo se calcula la Pensión de Jubilación.

Aunque ya hemos dicho anteriormente que el reajuste a la baja de la Pensión de Jubilación será prácticamente un hecho al que tendremos que irnos acostumbrando, y a pesar de que ya existen numerosas webs que te permiten averiguar aproximadamente la misma, vamos a repasar como se calcula.

El problema del desconocimiento de su cálculo por la gente posiblemente se haya incrementado tras la reforma de la Seguridad Social de hace unos años, pues en ese momento se cambiaron muchos parámetros.

Aumento del período de cotización de referencia para cálculo de pensión.

La reforma de la Seguridad Social instauró un proceso gradual para aumentar de 15 a 25 años el período en el cual se toman las bases reguladoras para calcular la Pensión de Jubilación.

En este año 2019, se tienen en cuenta los últimos 22 años de cotización para calcularnos la pensión, el año que viene 23… y así sucesivamente, hasta que en el 2022 alcanzaremos los mencionados últimos 25, que serán los que tenga en cuenta la Seguridad Social para hallar nuestra pensión de jubilación en función de las bases reguladoras por las que hayamos cotizado.

Les adjuntamos un cuadro donde se exponen los años computables para calcularnos la pensión que hemos comentado.

Año	Nº, meses computables/Divisor	Años computables
2013	192 / 224	16
2014	204 / 238	17
2015	216 / 252	18
2016	228 / 266	19
2017	240 / 280	20
2018	252 / 294	21
2019	264 / 308	22
2020	276 / 322	23
2021	288 / 336	24
2022	300 / 350	25

SEGURIDAD SOCIAL

Aumento del número de años cotizados para percibir el 100% pensión.

Para percibir el 100% de la pensión de jubilación será necesario en el 2027 haber cotizado como mínimo 37 años, mientras que hasta hace bien poco se exigían 35 años, por lo que se estableció también un periodo transitorio.

Este periodo transitorio implica que en el 2019, para cobrar el 100%, se tendrá que haber cotizado 35 años y medio.

Entre el 2020 y el 2022 se tendrá que haber cotizado 36 años.

Entre 2023 y el 2026 se tendrá que haber cotizado 36 años y medio.

A partir del 2027, se exigirán 37 años para el 100%.

En ese sentido, habrá trabajadores que hayan cotizado solo unos pocos años y se estén planteando si esta reforma les ha afectado a ellos. Pues bien, se han mantenido en un mínimo de 15 años cotizados los que se necesitan para tener derecho a Pensión de Jubilación, exigiéndose además que 2 años estén dentro de los 15 años inmediatamente anteriores al momento de la jubilación.

¿Y si cumplo con los requisitos y solo he cotizado 15 años, cuánto me pagarían de jubilación?

Tendríamos derecho solo al 50% de la base reguladora.

Les adjuntamos un cuadro del Ministerio que recoge lo comentado en este apartado.

PORCENTAJE – JUBILACIÓN – AÑOS COTIZADOS								
PERIODO DE APLICACIÓN	PRIMEROS 15 AÑOS		AÑOS ADICIONALES				TOTAL	
	Años	%	MESES ADICIONALES	COEFICIENTE	%	AÑOS	AÑOS	%
2013 a 2019	15	50	1 al 163 83 restantes	0,21 0,19	34,23 15,77			
	15	50	Total 246 meses		50,00	20,5	35,5	100
2020 a 2022	15	50	1 al 106 146 restantes	0,21 0,19	22,26 27,74			
	15	50	Total 252 meses		50,00	21	36	100
2023 a 2026	15	50	1 al 49 209 restantes	0,21 0,19	10,29 39,71			
	15	50	Total 258 meses		50,00	21,5	36,5	100
A partir de 2027	15	50	1 al 248 16 restantes	0,19 0,18	47,12 2,88			
	15	50	Total 264 meses		50,00	22	37	100

Edad de jubilación.

También se ha procedido a un periodo transitorio para retrasar la edad ordinaria de jubilación. Antes de la reforma, esta estaba fijada en 65 años.

En el presente año 2019, la edad ordinaria es de 65 años y 8 meses para aquellos trabajadores con menos de 36 años y 9 meses cotizados.

Mientras que aquellos trabajadores que hayan cotizado a los 65 años más de 36 años y 9 meses podrán jubilarse nada más llegar a esa edad.

Este periodo transitorio terminará en 2027, cuando la edad de jubilación será de 67 años, manteniéndose abierta la puerta a la jubilación a los 65 años a aquellos trabajadores que tengan más de 38 años y 6 meses cotizados a esa edad.

Les adjuntamos a continuación cómo queda el cuadro de la edad de jubilación en función de los años cotizados.

Año	Períodos cotizados	Edad exigida
2013	35 años y 3 meses o más	65 años
	Menos de 35 años y 3 meses	65 años y 1 mes
2014	35 años y 6 meses o más	65 años
	Menos de 35 años y 6 meses	65 años y 2 meses
2015	35 años y 9 meses o más	65 años
	Menos de 35 años y 9 meses	65 años y 3 meses
2016	36 o más años	65 años
	Menos de 36 años	65 años y 4 meses
2017	36 años y 3 meses o más	65 años
	Menos de 36 años y 3 meses	65 años y 5 meses
2018	36 años y 6 meses o más	65 años
	Menos de 36 años y 6 meses	65 años y 6 meses
2019	36 años y 9 meses o más	65 años
	Menos de 36 años y 9 meses	65 años y 8 meses
2020	37 o más años	65 años
	Menos de 37 años	65 años y 10 meses
2021	37 años y 3 meses o más	65 años
	Menos de 37 años y 3 meses	66 años
2022	37 años y 6 meses o más	65 años
	Menos de 37 años y 6 meses	66 años y 2 meses
2023	37 años y 9 meses o más	65 años
	Menos de 37 años y 9 meses	66 años y 4 meses
2024	38 o más años	65 años
	Menos de 38 años	66 años y 6 meses
2025	38 años y 3 meses o más	65 años
	Menos de 38 años y 3 meses	66 años y 8 meses
2026	38 años y 3 meses o más	65 años
	Menos de 38 años y 3 meses	66 años y 10 meses
A partir de 2027	38 años y 6 meses o más	65 años
	Menos de 38 años y 6 meses	67 años

La cotización en el caso de los trabajadores autónomos.

En España, según el Ministerio de Trabajo, Migraciones y Seguridad Social, hay aproximadamente 1,56 millones de profesionales autónomos que ejercen su actividad sin ninguna persona a su cargo. A ello hay que añadirle los aproximadamente 1,4 millones de empresas, en las que, como hemos analizado anteriormente, los administradores y socios trabajadores con alta participación societaria, deben cotizar también por el Régimen de Autónomos.

De todos ellos, el 85% cotiza por la base mínima, eso ha llevado a que la pensión media de estos profesionales sea en estos momentos de unos 687 €/mes, lo que supone ¡un 40% menos! de lo que cobran aquellos que cotizan en el Régimen General.

Siempre que hablo de esto con mis clientes les comento que algo hemos hecho mal en este país para que un empresario con, por ejemplo 10 trabajadores, y poniendo como ejemplo la retribución mediana, es decir 1.590 €/mes, cotice por lo mínimo. Y lo digo porque en ese caso, el coste total por trabajador, incluyendo nómina y cuotas a la Seguridad Social, asciende aproximadamente a 31.150 €, por lo que si tengo 10 trabajadores, el coste total laboral de la empresa asciende a unos 311.500 €.

Si la empresa es capaz de mantener ese importante coste laboral por año, no entiendo cómo el dueño de la misma se mantiene, en el 85% de los casos, cotizando al año en lo mínimo que le permite la ley.

En este caso que les comento, el de los «autónomos societarios», es decir, aquellos que tienen una sociedad constituida, la cotización mínima este año es de unos 365 €, por lo que al año ello supone un coste de unos 4.380 €.

La contradicción es de traca, y perdónenme aquellos de ustedes que estén en esta situación, pero es difícil entender que el dueño de un negocio tenga como coste laboral de sus empleados 311.500€ y que por él mismo pague tan solo 4.380€ a la Seguridad Social.

Lo digo, porque si ese empresario se quedara inválido, tuviera un accidente, un infarto, un cáncer o falleciera, las prestaciones que le quedarían a sus hijos por el fallecimiento de su padre, o a su cónyuge, por viudedad, serían aproximadamente ¡la mitad! de las que le quedarían a los familiares de sus trabajadores. Lo dicho, es de traca.

El caso es que el 85% de los autónomos cotizan así, y no podemos más que hacer una llamada de alerta para que ellos recapaciten (posiblemente con la almohada antes de dormir) si tanta lucha tiene sentido para luego, en caso de una desgracia, dejar a los hijos y al cónyuge con semejante escenario.

Algunos de mis clientes me argumentan que no se fían de la Seguridad Social, por lo que prefieren cotizar en el mínimo posible. Bien, si es su deseo, bien está, pero, por favor, háganse al menos un buen seguro de vida para proteger a sus seres queridos y a ustedes en caso de que les ocurra algo que les origine alguna invalidez.

He dicho un «buen seguro de vida», no cualquier seguro que contrate alguna vez que vaya al banco a hacer algún trámite y salga con ello «enchufado» sin saber qué es lo que ha firmado, para qué sirve, y qué cubre.

Volviendo al caso que nos ocupa en este libro, la jubilación. Ocurre que si la pensión máxima en este país en 2019 es de 2.659,41 € por catorce pagas, ello supone un total de 37.231,74 € de ingresos al año. Por lo que un trabajador en el Régimen General con contrato laboral, que haya cotizado siempre por lo máximo, que hoy en día es aquel que gana más de 48.841,20 €, tendrá esa pensión máxima de jubilación comentada en el párrafo anterior.

Mientras que los ingresos medios de un autónomo jubilado, con datos del INE, habíamos dicho líneas atrás, que era de 687 €/mes, lo que supone unos ingresos al año de 9.618 €/año.

Conclusión, si usted tiene una empresa, gana 50.000€ y cotiza por lo mínimo que le permite la ley y tiene un empleado en el Régimen General, que es un «máquina», al cual le paga, y muy merecidamente, 50.000€, a su trabajador le quedará una Pensión de Jubilación que será ¡cuatro veces superior a la suya!, nada menos que 27.713,74€ más cada año.

Tan solo pretendo sensibilizar a un colectivo, el de los empresarios de Pymes y autónomos profesionales, que, por no sé qué motivo, descuidan un importante aspecto de sus vida, como es una pensión máxima de la Seguridad Social, argumentando casi siempre que ellos lo que han generado es patrimonio. Y no estoy del todo en desacuerdo, tener patrimonio cuando uno se jubila es importantísimo, de hecho, en los próximos capítulos veremos cómo gestionar las diferentes opciones patrimoniales, pero con mis comentarios quiero hacerles ver la importancia valorar una solución mixta.

Vamos a ver algunos ejemplos aclaratorios sobre el cálculo de la pensión:

Caso 1

Supongamos que una persona cumple en diciembre de este año 2019 los 65 años y que tiene cotizados 41 en el Régimen General dado que tiene contrato laboral. ¿Qué pensión le quedará si se jubilara este año?

Lo primero que tiene que ver la persona es si tiene el suficiente número de años cotizados como para jubilarse con 65 años. Dado que la ley hoy exige para ello 36 años y 9 meses, y este trabajador los supera con creces, puede jubilarse a los 65 años con el 100%. Tendremos que hallar la Base Reguladora. Ello implica sumar las bases de cotización de los últimos 22 años, que es el período que se tiene en cuenta en el 2019 y actualizarlas al IPC correspondiente salvo los 2 últimos años. Esto supone sumar las bases de cotización actualizadas de los últimos 264 meses y dividirlas posteriormente entre 308.

Imaginemos que esa suma asciende a 616.000 y que al dividirla entre 308, nos da 2.000, pues bien, ya tendríamos la Base Reguladora.

La pensión de jubilación habíamos comentado que, por exceder de años cotizados, sería el 100% de la Base Reguladora, por lo que ascendería a justo 2.000 €/mes.

Caso 2

Imaginemos que la misma persona nos dijera que tiene 31 años cotizados. Tendría el siguiente problema, no llegaría al mínimo número de años cotizados para jubilarse con 65 años, el cual asciende a 36 años y 9 meses. En este caso tendría que esperar a tener cumplida la edad ordinaria de jubilación que, en este año 2019, es de 65 años y 9 meses.

Como cumple los 65 en diciembre de este año 2019, tendría que esperar al año que viene, 2020 a finales de septiembre para poder jubilarse con 65 años y 10 meses cotizados.

Pero claro dentro de un año, tendrá 32 años cotizados, y entre el 2020 y 2022 hemos visto que se exigen 36 años cotizados para alcanzar el 100% de pensión de jubilación. ¡Menudo lío!, ¿verdad?

En este caso le quitarán por mes un 0,19% de pensión, y como 4 años son 48 meses, la pensión se verá reducida en un 9,12% respecto a la que habíamos visto en el anterior caso. Total, que recibiría 1.817,60 €/mes de pensión.

¿Y si no he cotizado en algunos de los últimos años antes de la jubilación?

Se denominan «lagunas de cotización» a aquellos periodos en los que no se cotiza y se encuentran en el intervalo en el cual se calcula la base reguladora necesaria para hallar la pensión a percibir. La legislación actual diferencia el tratamiento de las mismas dependiendo de si el trabajador está en el Régimen General o en el Régimen de Trabajadores Autónomos.

En el caso de trabajadores en el Régimen General:

Las primeras 48 mensualidades se integrarán con la base mínima de cotización (en ese momento) y el resto de mensualidades se integrarán con el 50% de dicha base.

Bien es cierto que hay trabajadores que saldrán mejor parados debido a que se les aplicará la legislación anterior a 1-1-2013, en virtud de la *Disposición Final Duodécima de la Ley 27/2011 del 1 de Agosto*, por la cual las lagunas de cotización se integrarán con la base mínima de cotización.

En el caso de trabajadores en el Régimen Especial de Autónomos:

Aquí es donde el problema se magnifica debido a que no existe por parte de la administración ninguna cobertura para suplir la no cotización del autónomo, por lo que esos meses en los que no se cotice contarán como cero a la hora de hallar la base reguladora.

El Convenio Especial con la Seguridad Social

Una alternativa para ampliar las cuantías de las bases de cotización.

Es una vía interesante para aquellos trabajadores por cuenta propia o ajena que cesan en su actividad y, posteriormente, son contratados con remuneraciones que dan pie a bases de cotización inferiores al promedio de los últimos 12 meses inmediatamente anteriores a dicho cese.

Para esos casos, la ley permite que el trabajador suscriba un «convenio especial» con la Seguridad Social por el que asume personalmente el cotizar algo más a la misma, y así tener derecho a mayor pensión de jubilación.

¿Y si no vuelvo a encontrar trabajo?

La ley también permite que aquellos que han causado baja en el Régimen General y no están encuadrados en otro régimen puedan suscribir el Convenio Especial para asumir personalmente las cotizaciones a pesar de estar totalmente inactivos. Ello permite asegurar, a pesar del esfuerzo que supone cotizar sin estar trabajando, una pensión de jubilación que el trabajador haya calculado previamente como adecuada.

¿Algún requisito más para subscribir personalmente el Convenio Especial?

Hay uno especialmente relevante, que es tener cubierto un periodo mínimo de cotización de 1080 días; esto es 3 años en los 12 años inmediatamente anteriores a la baja en el Régimen de la Seguridad Social.

¿Y si provengo de un ERE o despido colectivo?

En este caso la Seguridad Social ha reforzado este mismo año la obligación de suscribir y pagar los convenios especiales de los trabajadores inmersos en un despido colectivo mayores de 55 años hasta la edad de jubilación anticipada que le corresponda.

Así pues entramos en otro concepto que tenemos que analizar, que es la posibilidad de jubilarnos anticipadamente, la cual trataremos en el siguiente capítulo junto a otros tipos de jubilación.

Jubilación anticipada, prejubilaciones y jubilación posterior a la edad ordinaria

Hasta ahora hemos analizado las características de una jubilación estándar, lo que en la jerga de la Seguridad Social se denomina «jubilación ordinaria», pero puede suceder que el trabajador decida seguir ejerciendo su profesión por motivos económicos o porque personalmente le satisfaga seguir en activo.

Puede suceder lo contrario, que es que el trabajador decida jubilarse antes de la edad ordinaria porque ha echado «números» y le merece la pena dejar de trabajar o cotizar y empezar a disfrutar de la jubilación. También se puede dar el caso que tras quedarse sin trabajo a una edad cercana a la jubilación, y tras buscar empleo y no encontrarlo, analice la posibilidad de jubilarse antes de la edad ordinaria. O simplemente también puede ocurrir que la empresa haya instaurado un despido colectivo y que le den una indemnización o una renta mensual hasta una determinada edad.

El caso es que hay muchas personas que optan por jubilarse antes de la edad ordinaria.

Sin ir más lejos, en el 2018, cerca del 42% de las personas que se jubilaron, lo hicieron antes de los 65 años, por lo que este apartado que vamos a analizar es realmente significativo en nuestro país.

Pongámonos pues a ver estas dos alternativas, bien jubilarnos antes o bien jubilarnos después de la edad ordinaria que marca la ley para hacerlo.

Jubilación posterior a la edad ordinaria de jubilación

Se estima por el INE que más de 170.000 personas siguen activas con más de 65 años. Hemos comentado que esta decisión suele estar motivada por motivos económicos o de bienestar. El caso es que hay algunas ventajas en la Seguridad Social para estos casos que merecen ser analizadas. Veámoslas:

Jubilación activa

Esta modalidad es aplicable solamente a trabajadores autónomos.

Para acceder a ella se exige como requisito tener derecho al 100% de la pensión de jubilación. Es decir que si alguien optara este año por este tipo de jubilación debería tener bien 65 años con más de 36 años y 9 meses cotizados, o bien, en caso de no cumplir con ese dato, tener 65 años y 9 meses y haber cotizado un mínimo de 35 años y 6 meses (vean los cuadros que en el capítulo anterior he anexado).

Es una opción tremendamente versátil, ya que permite que el trabajo pueda ser realizado a tiempo completo o a tiempo parcial, bien ejercido de manera autónoma o por cuenta ajena.

Con esta modalidad puedo percibir la pensión de jubilación, pero hay dos opciones que tengo que valorar.

— Percibir el 100% de la Pensión de Jubilación siempre

y cuando contrate a alguien para trabajar.

— No contratar a nadie y de esa manera no tener gastos pero al menos cobrar el 50% de la Pensión de Jubilación.

— Por último comentar que la cotización a la Seguridad Social es baja, ya que se reduce a la contingencia de incapacidad laboral, contingencias profesionales y una «cuota de solidaridad» que hoy en día está establecida en el 8%.

Jubilación flexible

Esta modalidad, a diferencia de la anterior, que solo es aplicable a trabajadores autónomos, es aplicable tanto a aquellos que venían cotizando en el Régimen General como en el de Trabajadores Autónomos.

El trabajador debe estar previamente jubilado, bien porque accedió en su día a la pensión ordinaria o bien porque lo hizo de forma anticipada, y posteriormente acceder a un trabajo a tiempo parcial, lo cual le llevará a compatibilizar la Pensión de Jubilación con un contrato a tiempo parcial.

El tiempo de trabajo debe estar comprendido entre un 50% y un 75 % del «tiempo completo» que un empleado del mismo centro de trabajo realiza en actividades idénticas. En este caso, el empresario debe cotizar por todos los conceptos a la Seguridad Social en función de las bases de cotización del contrato a tiempo parcial que realice con el trabajador (a diferencia de la jubilación activa, en la cual solo se cotiza por una «cuota de solidaridad» y por Incapacidad Temporal y Accidente del trabajo).

Si opto, por ejemplo, por trabajar un 60% del tiempo total, cobraré el 60% de la retribución de la empresa estipulada para ese trabajo y el 40% de la Pensión por Jubilación que me correspondía.

Una vez cese toda actividad en el trabajo, tendremos derecho a más Pensión de Jubilación por ese tiempo que me he mantenido en activo con un 60% del total del tiempo de la jornada laboral, por lo que la Seguridad Social nos recalculará la pensión definitiva.

Jubilación anticipada a la edad ordinaria de jubilación

Es en el caso de las jubilaciones anticipadas donde hay que pararse algo más debido a una legislación amplia y, como dijimos en anteriores líneas, a que casi la mitad de las jubilaciones que se producen en nuestro país son de esta índole.

Es importante aclarar un punto, y es que no tiene nada que ver acceder a la jubilación anticipada contemplada por la ley con acceder a una prejubilación o a un plan de bajas incentivadas, que consiste en un acuerdo entre la empresa y el trabajador, bien por pacto entre las partes o por la instauración de un despido colectivo o ERE.

En estos casos se acuerda normalmente una indemnización a percibir durante varios años que permite al trabajador mantener unos ingresos porcentualmente pactados tomando como referencia el salario que se percibía hasta una edad determinada.

Estas fórmulas son normalmente instauradas mediante soluciones aseguradoras como los seguros de rentas.

Por poner un ejemplo, solemos ver en los medios de comunicación grandes operaciones en la gran empresa acordados mediante ERE (Expediente de Regulación de Empleo) como la última que ha aparecido este año del Banco Santander, en el que se están negociando percepciones entre el 75-80% del salario bruto hasta los 63 años, edad que permitiría jubilarse a quien así lo quisiera.

La oferta alcanza a trabajadores desde los 50 años, afectando a unos 3500 empleados, y con ello el banco pretende ahorrarse en costes la nada despreciable cifra de 250 millones de euros.

Una vez nos hemos introducido en el concepto de jubilación anticipada, veamos las opciones que nos permite la ley. Antes de ello, no debemos olvidar que también hay otros casos importantes, más particulares, los cuales no detallaremos en este libro, como son los siguientes.

— Jubilación anticipada por razón del grupo o actividad profesional, donde entran las siguientes profesiones: trabajadores en Estatuto Minero, personal de vuelo de trabajos aéreos, trabajadores ferroviarios, artistas, profesionales taurinos, bomberos al servicio de las administraciones y organismos públicos, miembros del Cuerpo de la Ertzaintza y policías locales.

— Jubilación anticipada de trabajadores con discapacidad.

— Jubilación anticipada por tener la condición de mutualista.

Comenzamos pues a analizar los casos más habituales de jubilación anticipada.

— Jubilación anticipada no causada por voluntad del trabajador.

— Jubilación anticipada por propia voluntad del trabajador.

— Jubilación anticipada «parcial».

Jubilación anticipada
no causada por voluntad del trabajador

Este tipo de jubilación anticipada fue regulada más recientemente, en concreto desde el 17 de marzo de 2017.

Requisitos.

Los requisitos más significativos para acceder a la misma son los siguientes:

— Tener una edad comprendida entre los 4 años anteriores a la edad de jubilación ordinaria. Ello implica como hemos visto en un apartado anterior, que en este año 2019 entrarían aquellas personas de más de 61 años y 8 meses que tuvieran al menos 36 años y 9 meses cotizados. Si tuvieran cotizados más de 36 años y 9 meses, la edad de acceso a la jubilación anticipada sería de 61 años.

— Tener cotizados 33 años como mínimo. Del período de cotización, al menos 2 años deberán estar comprendidos dentro de los 15 inmediatamente anteriores al momento de solicitar la jubilación anticipada.

— Que el cese en el trabajo se haya producido como consecuencia de una situación de reestructuración empresarial como las siguientes: despido colectivo objetivo, resolución judicial por concurso de acreedores y por muerte, incapacidad o jubilación del empresario individual.

Coeficientes Reductores.

Además de esos requisitos, se aplican unos coeficientes reductores aplicables según los años cotizados por adelantarse a la edad ordinaria de jubilación.

— Coeficiente del 1,875 por 100 por trimestre cuando se acredite un período de cotización inferior a 38 años y 6 meses.

— Coeficiente del 1,750 por 100 por trimestre cuando se acredite un período de cotización igual o superior a 38 años y 6 meses e inferior a 41 años y 6 meses.

— Coeficiente del 1,625 por 100 por trimestre cuando se acredite un período de cotización igual o superior a 41 años y 6 meses e inferior a 44 años y 6 meses.

— Coeficiente del 1,500 por 100 por trimestre cuando se acredite un período de cotización igual o superior a 44 años y 6 meses.

Como el máximo que se puede adelantar la jubilación es de 4 años, la reducción máxima de la jubilación puede alcanzar por estos coeficientes reductores entre un 24% y un 30%. Ello implica que nos movemos en unos intervalos de una reducción importante en la prestación de jubilación para el resto de nuestros días.

Jubilación anticipada
por voluntad del trabajador

Pueden acceder a ella los trabajadores autónomos, por lo que es una opción importante a valorar por este tipo de profesional, y también por trabajadores en el Régimen General.

En ambos casos se deben cumplir varios requisitos, entre los cuales, los más significativos son:

— Tener, como mínimo, 2 años menos de los requeridos para jubilarse de manera ordinaria. Ello supone, que en este año 2019, entrarían aquellas personas de más de 63 años y 8 meses que tuvieran menos de 36 años y 9 meses cotizados. Si tuvieran cotizados más de esa cantidad de años, la edad de acceso a la jubilación anticipada sería 63 años.

— Tener cotizados 35 años como mínimo, donde además del período de cotización, al menos 2 años deberán estar comprendidos dentro de los 15 inmediatamente anteriores al momento de causar el derecho o al momento en que cesó la obligación de cotizar.

Y cuidado, que ahí no termina todo. Una vez acreditados los requisitos generales y específicos, el importe de la pensión a percibir ha de resultar superior a la cuantía de la pensión mínima que correspondería al interesado por su situación familiar al cumplimiento de los 65 años de edad. De no cumplirse esto, no se podrá acceder a esta fórmula de jubilación anticipada.

Coeficientes Reductores.

Se aplican unos coeficientes reductores por adelantarse a la edad ordinaria de jubilación que varían dependiendo de la cantidad de años cotizados.

— Coeficiente del 2% por 100 por trimestre cuando se acredite un período de cotización inferior a 38 años y 6 meses.

— Coeficiente del 1,875 por 100 por trimestre cuando se acredite un período de cotización igual o superior a 38 años y 6 meses e inferior a 41 años y 6 meses.

— Coeficiente del 1,750 por 100 por trimestre cuando se acredite un período de cotización igual o superior a 41 años y 6 meses e inferior a 44 años y 6 meses.

— Coeficiente del 1,625 por 100 por trimestre cuando se acredite un período de cotización igual o superior a 44 años y 6 meses.

Como el máximo que se puede adelantar la jubilación es de 2 años, la reducción máxima de la jubilación por estos coeficiente reductores puede alcanzar entre un 13% y un 16%.

Jubilación parcial

Está ideada para aquellos que cotizan en el Régimen General y socios trabajadores de cooperativas de trabajo, por lo que no está diseñada para el profesional autónomo.

Se exige que se deben tener cotizados como mínimo 15 años, estando 2 de los mismos dentro de los últimos 15 antes del hecho causante de la jubilación.

A efectos de prestaciones sanitarias, farmacéuticas y sociales, el jubilado parcial tiene la consideración de pensionista.

El importe de la pensión del jubilado parcial.

La cuantía de la pensión es el resultado de aplicar el porcentaje de reducción de jornada al importe de la pensión que le correspondería de acuerdo a los años cotizados, pero la pensión no mengua mediante los coeficientes reductores (vistos anteriormente para los casos generales de jubilación anticipada) por solicitarla antes.

La pensión calculada no podrá ser inferior, en ningún caso, a la cuantía que resulte de aplicar ese mismo porcentaje al importe de la pensión mínima vigente en cada momento para los jubilados mayores de 65 años, de acuerdo con las circunstancias familiares del jubilado.

A partir del 1-4-2013 hubo unas modificaciones significativas aplicando una disposición transitoria cuarta apartado 5, que obviaremos para centrarnos en la parte más importante de la regulación.

Dos modalidades de Jubilación Parcial

Aquella que supone la contratación de un trabajador con el denominado contrato de relevo o aquella que no la incluye.

Jubilación parcial sin contrato de relevo:

Edad mínima: la edad ordinaria de jubilación que en cada caso resulte de aplicación (años reales, sin aplicación de coeficientes reductores de la edad de jubilación).

Pueden estar contratados a jornada completa o parcial.

Reducción de la jornada trabajo: estará comprendida entre un mínimo de un 25% y un máximo del 50%, o del 75% para quienes resulte de aplicación la disposición transitoria cuarta, apartado 5, de la LGSS.

Antigüedad en la empresa: no se exige.

Contrato de relevo: no se exige.

Jubilación parcial con contrato de relevo:

En este caso es imprescindible que con carácter simultáneo a la Jubilación Parcial del trabajador, se celebre un contrato de relevo.

Los trabajadores a tiempo completo podrán acceder a la jubilación parcial cuando reunan los siguientes requisitos:

— Deberán estar contratados a jornada completa. Aunque, se asimilan los contratados a tiempo parcial cuyas jornadas, en conjunto, equivalgan en días teóricos a los de un trabajador a tiempo completo comparable, siempre que se reúnan en los distintos empleos los requisitos de antigüedad, reducción de jornada y contratación del relevista.

— Que se celebre simultáneamente un contrato de relevo.

— Edad mínima (sin aplicación de las reducciones de edad de jubilación). Si tienen la condición de "mutualistas", 60 años de edad real. Si no tienen la condición de mutualistas, la exigencia de este requisito de edad se aplicará de forma gradual, desde el año 2013 al 2027, en función de los períodos cotizados.

— Reducción de jornada: Estará comprendida entre un mínimo del 25% y un máximo del 50%. Pero si el contrato de relevo es a jornada completa y por tiempo indefinido, la reducción de jornada puede llegar al 75%.

— Período mínimo de cotización: 33 años de cotizaciones efectivas.

Antigüedad en la empresa: al menos, 6 años inmediatamente anteriores a la fecha de la jubilación parcial.

— Empresa y trabajador cotizarán por la base de cotización que, en su caso, hubiese correspondido de seguir trabajando éste a jornada completa.

Conclusiones.

Supongo que a estas alturas del libro el lector se sentirá algo bajo de moral al ver que la regulación de la prestación de jubilación es más que farragosa. En ese sentido le doy toda la razón, por eso existimos personas que nos dedicamos a asesorar sobre ello profesionalmente. Pero lo más más grave no es el desconocimiento del asunto, lo cual es normal que le suceda a cualquier ciudadano, el problema más grave es que las personas solicitan el asesoramiento cuando tienen delante el problema sin ninguna opción de evitarlo o de planificarlo con la suficiente antelación como para salir airosos del mismo.

Siempre estará la opción de decir que se ha acumulado un patrimonio en inmuebles u otro tipo de ahorro y que ello permitirá vivir cómodamente, pero aun así, esta estrategia puede dar mejores resultados si se planifica con la suficiente antelación, de ahí la llamada de este libro a actuar sin improvisaciones, de ahí, como dije al inicio de este libro, el ciudadano debe tomarse en serio su *JubilAcción*.

Parte II

Gestión del patrimonio complementario a la pensión de jubilación

Varios hechos llevan a la necesidad de gestionar el patrimonio complementario a la jubilación antes y después de que se produzca.

Por un lado, ya hemos comentado anteriormente que gran parte de las jubilaciones en nuestro país son «anticipadas», hecho que normalmente implica reducciones en la pensión a percibir.

Por otro lado, debemos planificar con suficiente antelación nuestro patrimonio para así tener cierta maniobra ante esa merma en la pensión de jubilación.

Finalmente, debemos conocer las diferentes alternativas con las que puedo crear ese patrimonio con el cual poder complementar esas cuantías de jubilación que se encuentran amenazadas por las tendencias a la baja debidas a los problemas de la pirámide poblacional de nuestro país.

Gestión del patrimonio inmobiliario

Ha sido tradicionalmente el método más apreciado por el español para generar patrimonio.

El precio medio de la vivienda en España era en 1985 de 366€ el metro cuadrado (mc en adelante), mientras que el máximo, que se alcanzó en diciembre de 2007, era de 2.905€/mc. Esto supuso una escalofriante rentabilidad media de un 31,5% por la revalorización del precio en el período.

Varios factores llevaron a esta increíble evolución del mercado español de la vivienda, entre ellos, la mejora de la economía española en ese periodo al introducirse en la CE y posteriormente en la Unión Europea, la llegada de los ciudadanos del *Baby Boom* a edades para formar familia y la entrada importante de inmigrantes, principalmente de origen latinoamericano, llamados por una España que estaba de moda.

Pero había una señal inequívoca de que esto pararía de manera dramática, y era que los salarios, a pesar de la incorporación de la pareja al mercado de trabajo, crecían mucho más lento; más bien se mantenían constantes en términos reales (es decir, teniendo en cuenta la inflación).

Según algunos estudios, entre los años 2000 y 2015 el salario real de una familia en España creció de unos 19.500€ a 20.600€, lo cual suponía un pobre incremento de un 5,8% ¡acumulado en 15 años!, por lo que era de esperar que se estaba creando una burbuja inmobiliaria.

Después del estallido de esta, el español ha aprendido que, aparte de su vivienda habitual, el comprar una vivienda como método de inversión exige realizar un estudio para ver si puede obtener una rentabilidad a la inmovilización de un dinero en ello.

La invisibilidad del coste hipotecario

Si adquieres una vivienda para posteriormente alquilarla y/o esperar a que se revalorice el precio de venta, se deben tener en cuenta algunos asuntos importantes.

Si deseas adquirir un piso de 300.000€ para luego alquilarlo y solicitas un préstamo por 250.000€ y te lo conceden al 3% durante 25 años, el coste total hipotecario va a ser de 355.688€. Si a eso añades los costes de tasación, notaría, registro, gestoría e impuestos (IVA si es nueva vivienda o actos jurídicos documentados si es de segunda vivienda), nos encontramos con otro 10% de la hipoteca, es decir otros 25.000€. En total, el desembolso que se va a realizar en esos años asciende a 380.688 €.

A ello hay que sumar los gastos anuales que corren a cargo del arrendador, como: alta de suministros (agua, luz, gas…), IBI, comunidad de vecinos, seguro, averías y reparaciones; pongamos que son otros 1000 €/año, por lo que serían otros 25.000€.

En total, la inversión puede ascender fácilmente en 25 años a 455.688€.

Cierto mito de la desgravación de la hipoteca

Es habitual escuchar a algunos compradores de vivienda que el efecto de la desgravación en el IRPF por tener hipoteca es muy importante. Nada más lejos de la realidad. Esta desgravación fue eliminada el 1 de enero de 2013, pero para aquellos que crean todavía que su efecto era importante, comentarles que tan solo se podían deducir un máximo de 1.356 € al año por comprador.

Buscando la rentabilidad del alquiler

Una vez tenemos los números más o menos aclarados, el paso siguiente es hallar la rentabilidad que exigimos por percibir el alquiler.

Si en los mercados financieros podemos obtener con fondos de inversión sin grandes riesgos un 3%, o con carteras de acciones que dan un dividendo de entre un 4% y un 5%, que menos que exigir un 8% a una inversión que no tiene una liquidez inmediata como es la vivienda, cuyo precio de venta, además, no tiene por qué ser mayor que el de compra.

El alquiler de los pisos solicitando hipoteca, como vemos, no es un «chollo», ya que si estás varios años pagando hipoteca por el valor de compra y el precio de venta del piso se vuelve a encontrar con otro bajón, los números pueden no salir tan redondos como se cree.

Fiscalidad alquiler vivienda urbana para uso particular

No todo son noticias desafortunadas, la fiscalidad de los arrendamientos de viviendas urbanas gozan de ciertas exenciones en IRPF, aplicándose una reducción de un 60% a los rendimientos netos.

No obstante, tributarán como Rendimiento del Capital Inmobiliario, por lo que su tipo efectivo se moverá, teniendo en cuenta la exención, entre el 7,6% y el 18% del total percibido, por lo que sí puede ser una opción interesante si se encuentra cierta rentabilidad de la operación comparando precio alquiler / capital inmovilizado en compra de vivienda.

Fiscalidad del alquiler de vivienda urbana o local para empresas y negocios

Ambos casos están sujetos a un gravamen del 21% por IVA que debe soportar el arrendatario, es decir el que paga el alquiler al dueño.

El arrendador (el dueño), por su lado, debe retener el 19% para Hacienda y en estos casos los ingresos anuales que se obtengan tributarán al 100% como Rendimientos del Capital Inmobiliario, por lo que el tipo efectivo será entre el 24% y el 45%, es decir, no hay ninguna reducción como en el caso anterior de la vivienda para uso particular.

Por lo que es necesario echar unos números y analizar la rentabilidad de la operación mediante análisis de los valores del precio de venta del inmueble, precio de adquisición y alquiler que se obtiene.

La compra con dinero líquido

¿Y sí dispongo de los 300.000 para comprar de «golpe» el piso?

La cosa cambia, claro está, si lo alquilo, por poner un ejemplo, por 1000€/mes, al año estaré percibiendo 12.000 €.

Si tengo unos ingresos del trabajo de 80.000€/año, el 40% de lo que percibo de alquiler tributará al 45%, es decir al 18%, por lo que el neto que percibo cada año será de 9.840 €/mes, que quitando los 1000€ de gastos de IBI, seguro y etc., se quedarán en 8.840 € netos.

Esto supone una rentabilidad neta de un pobre 2.94%, por lo que la rentabilidad bruta exigida a un producto de ahorro equivalente sería un más que decepcionante 3,62%.

¡Deberé subir al doble el alquiler para llegar a un 7,25 %! Entiendo que un alquiler de 2.000€/mes debe ser para un «pedazo de piso», o si acaso para un chalet pareado, pero claro me dirán ustedes que el piso ha valido una buena cifra, ni más ni menos que 300.000€.

¿Y si dentro de 5 años el valor del piso se desmorona y es de 210.000? ¿Siguen pensando que el valor de los pisos nunca bajará? Ya hemos tenido un precedente, un aviso, para que tengamos la mayor diligencia a la hora de tomar estas delicadas decisiones.

No olviden esto, cuando vuelvan a bajar los precios de venta de la segunda vivienda, nos daremos cuenta que es una inversión más, en la cual el capital que hemos aportado no está garantizado y en el que la rentabilidad dependerá del ratio «alquiler mensual / coste adquisición de piso».

Hipoteca inversa

Tuvieron un *boom* es su momento, y, aunque no son tan habituales como se esperaba, pueden ser una salida airosa para aquellas personas que tienen poco más que el patrimonio de la vivienda habitual ya pagada.

Se pueden contratar exclusivamente por personas mayores de 65 años, siendo la persona dueña de su vivienda mientras vive. Esta percibirá una renta mensual normalmente, aunque podrá solicitar el cobro de una vez, que la entidad bancaria o aseguradora pagará en función de una valoración previa de la vivienda. Estas cantidades recibidas están exentas de IRPF. Otra cosa es que se perciba a través de un seguro de rentas una vez finalizado la fecha tope marcada en el contrato. En este caso, y en función de la edad contratada, tienen las exenciones tradicionales de las rentas vitalicias que llegan a tener, para personas de más de 70 años, una tributación efectiva de 1,52%.

Cuando fallece el beneficiario, los descendientes tienen la posibilidad de quedarse con la casa previa devolución del dinero a la entidad financiera, vender la vivienda para pagar la deuda o también solicitar una nueva hipoteca.

Rentas vitalicias y exenciones fiscales de la venta de la segunda vivienda.

Si tengo más de 65 años, vendo una segunda vivienda con ganancias patrimoniales y reinvierto la totalidad en rentas vitalicias, quedarán exentas las ganancias en IRPF.

Además, reiteramos lo comentado en párrafos anteriores, esto es que, las rentas vitalicias contratadas posteriormente a la venta, gozarán de exenciones fiscales en IRPF que llegan al 92% de las mismas para una persona de más de 70 años, por lo que la tributación efectiva será de un fantástico 1,52%.

El plazo para ejecutar la decisión después de la venta, será de 6 meses y si me han retenido una cantidad previamente en Hacienda, tendré hasta la finalización del año siguiente al de la venta para añadir el importe de la retención.

El contribuyente debe ser el tomador y beneficiario de la póliza, la cantidad máxima total con derecho a exención será de 240.000€ y si se rescata total o parcialmente la renta vitalicia constituida posteriormente, habrá que tributar por la ganancia patrimonial no exenta en el año de su obtención.

Esta alternativa, dada la alta cantidad de personas de renta alta que poseen una segunda vivienda está llamada a convertirse en una de las más interesantes operaciones desde el punto de vista fiscal.

Gestión del ahorro

Hasta hace unos años, era bastante común en nuestro país que el ahorro se dirigiera al depósito bancario tradicional. Este era el rey del ahorro, ya que era sencillo de entender, el tipo de interés era más que aceptable y los bancos gozaban de una popularidad de fortaleza económica incuestionable.

Hoy en día, con las políticas monetarias llevadas por el Banco Central Europeo para que las economías europeas no se estanquen, estamos asistiendo a un periodo en el cual los tipos de interés a corto plazo son negativos.

Este escenario ha llevado a que los Bancos ofrezcan a sus clientes tipos de interés cercanos a cero en los depósitos bancarios (sin ir más lejos, hace unos días, atendiendo a una buena cliente, me comentó que tenía un depósito contratado en un banco al 0,01%), e incluso esta semana en la que escribo estas líneas, han salido noticias referentes a que los bancos van a comenzar a cobrar por los depósitos de sus clientes.

Así pues, y visto este escenario, no es de extrañar que los ciudadanos hayan ido abriendo sus ojos a otras alternativas de inversión de sus ahorros.

Si en 1985, el español destinaba el 57% de sus ahorros a depósitos bancarios, en la actualidad ha descendido a un 36% según INVERCO. La inversión en bolsa directamente se ha mantenido en una franja más constante habiendo pasado en el mismo período de un 23% a un 27,8%., mientras que, en ese mismo periodo, los fondos de inversión han pasado de un testimonial 1,7% a un más que significativo 14%.

Buena prueba de este avance ya se produjo desde que estos productos se lanzaron, pero fueron castigados en la peor fase de la crisis económica. Ello lo podemos observar en este gráfico de INVERCO donde se ve como se ha recuperado la inversión en estos productos, dado que se ha duplicado el dinero que los españoles han destinado a fondos de inversión desde el suelo en diciembre de 2012 hasta enero de 2018.

PATRIMONIO FONDOS DE INVERSIÓN (millones de euros)

Pero claro, no ha sido fácil para el español, que lleva décadas acostumbrado a la certidumbre de un tipo de interés del depósito bancario más que aceptable, convivir con la incertidumbre que suponen los mercados financieros. De ahí que las carteras de fondos de inversión más seleccionadas por el cliente español, sean en un tanto por ciento más que elevado, carteras mixtas conservadoras.

Plataformas de arquitectura abierta.

Estas plataformas se han convertido en la más moderna y democrática opción de gestionar los ahorros. En un *click* se tiene acceso a miles de fondos de inversión de cientos de sociedades de valores de todo el mundo.

Por ejemplo, en mi caso, al haberse integrado la Sección de Inversión de Mapfre en INVERSIS ello implica que el servicio entra en una «Champions League» al tener acceso a más de 15.000 fondos de inversión de más de 300 gestoras del mundo.

¿Lo han pensado bien? ¿Saben lo que es tener acceso a miles de fondos con cientos de miles activos de todo tipo, de todos los países y sectores productivos del planeta?

Existen hasta fondos en los que si la bolsa baja estos suben dado que simulan el funcionamiento de los futuros a corto.

En un *click* se puede acceder a fondos de inversión, por ejemplo, del Santander, Bankia, BBVA, Bankinter,Sabadell ....o incluso pequeñas boutiques especializadas en inversión españolas como Esfera Capital, Metavalor, Coba Gestion, AzValor, Magallanes etc.

Lo mejor es que también se puede acceder a las más grandes gestoras de inversión del mundo, como Blackrock, JP Morgan, Goldman Sachs, Fidelity, BNY Mellon, PIMCO y así hasta 300 sociedades y gestoras... ¡una barbaridad!

Y esto sí que es un hecho que ha revolucionado el sector, porque cuando el cliente se dirige a mí como asesor financiero que tiene acceso a estas plataformas con más de 15.000 fondos de inversión, el problema no es tanto el saber si tengo o no el producto idóneo para él, ya que con tan inmensa oferta es prácticamente imposible no encontrar un producto adecuado a sus exigencias, sino en alcanzar las expectativas de rentabilidad que el cliente ha establecido.

Inversión directa en bolsa.

La persona que ha invertido en mercados financieros en nuestro país históricamente lo ha hecho en acciones preferentemente.

Esta modalidad de gestionar los ahorros se ha mantenido a lo largo de los años, de ahí que una cuarta parte de los ahorros de los españoles vayan dirigidos a esta modalidad, contratando normalmente acciones de empresas importantes de nuestro país.

Ello implica una diversificación prácticamente inexistente, lo que deja a esta modalidad de invertir un tanto desfasada. Además, desde el punto de vista fiscal, no goza de las ventajas de los fondos de inversión, los cuales permiten el traspaso entre diferentes modalidades sin tributar, siempre y cuando el titular del mismo sea una persona física (ello no se permite en el caso de ser el titular una persona jurídica).

Cualquier fondo de inversión de renta variable supone tener más de 100 acciones diferentes lo que lleva a que ese nivel de diversificación sea inaccesible a una cartera personal de acciones.

MIFID II.

Esta es la denominación de la legislación de ámbito europeo que ha supuesto un cambio en la transparencia y en el asesoramiento que debe darse al cliente para evitar que se contraten productos que no sean adecuados a sus perfiles y a sus situaciones patrimoniales. Así mismo se exige la certificación obligatoria del profesional que asesora al cliente en materia de asesoramiento financiero. Este es un bienvenido paso adelante en el sector.

Gestión de las inversiones

Si hay una característica que es tradicional de la gestión de las inversiones en bolsa, en fondos de inversión u otros activos financieros como ETFs o CFDs, es la necesidad de realizar un seguimiento de las variables que afectan a la evolución de los mismos y realizar los cambios oportunos en función de estos. Es cierto que en los CFDs, al ser operaciones apalancadas, el riesgo es mucho mayor, por lo que se exige un control máximo de las operaciones intradiarias a través de algoritmos o señales de análisis técnico que permitan al inversor tomar decisiones antes de que se den fuertes pérdidas. Pero, el inversor suele ponerlo en productos más tradicionales como las acciones o los fondos de inversión.

Es importante recalcar la necesidad de hacer modificaciones en la cartera de estos cuando las variables macroeconómicas o las políticas cambian de manera significativa.

Si el tipo de interés la Reserva Federal de USA es modificado al alza, si baja el precio del petróleo, si se modifican al alza las expectativas de riesgo de inflación en Alemania, si las autoridades chinas ven peligrar el nivel de crecimiento de su economía y devalúan su moneda o si se recrudece el paro en los países del sur de Europa etc... se ocasionarán alteraciones en nuestras inversiones que exigirán que se modifique la composición de nuestra cartera.

Aquellos que sin embargo dominan el *trading* algorítmico, prefieren obviar las miles de noticias, variables y expectativas que pueden alterar los mercados y se centran en las señales de compra y venta que sus análisis les indican.

Aunque por las experiencias que he vivido con algunos de los mejores *traders* del país, obtener un 60% de operaciones ganadoras es más que un hito, por lo que no se dejen engañar por algoritmos que obtienen ganancias increíbles, no es así.

De todo esto se deduce que es necesario, para evitar grandes sustos, o bien saber a ciencia cierta cuáles son las consecuencias de los movimientos que hacemos directamente en bolsa, o bien estar continuamente asesorados por un profesional para realizar las oportunas modificaciones en la cartera de ahorros.

El no tomar ninguna decisión puede llevar a estar un buen número de años con una rentabilidad de 0%, como ocurre en el caso de que alguien haya mantenido sus posiciones sin alterar en el IBEX 35 desde enero 2005. Es decir, si invertimos y dejamos sin tocar las inversiones durante largos periodos de tiempo, nos podemos encontrar que, después de casi 15 años, estamos con una rentabilidad nula.

El problema no termina ahí, pues la inflación acumulada en ese periodo es de un 26,53%, lo que implica que solo le quedarían 79.032 € a aquellos que hubiesen invertido 100.000 € en una cartera de acciones que replicara el IBEX 35 en el 2005.

Errores tradicionales del ahorrador

Existen unos cuantos errores comunes a la hora de contratar productos con la finalidad de hacer rentables los ahorros. Veamos algunos:

- Un error clásico es la contratación de acciones de las empresas más grandes del país confiando en que estas siempre tenderán a crecer y que será difícil que caigan. Es muy habitual al preguntar a las personas que tienen acciones en su cartera de inversión, escucharles que tienen, por ejemplo, Santander, Repsol y Telefónica. Santander ha visto como su cotización se ha reducido en un 60% desde hace 12 años, Telefónica un 68% en el mismo período y Repsol un 46%. Desde 2007 el IBEX 35 en su conjunto ha caído un 41%. En definitiva, que una empresa sea grande no implica que la futura revalorización de su cotización sea muy probable.

- Otro error clásico es invertir en renta fija pensando que así "no pierdo aunque me dé poco". ¡Error! Llevo años diciendo a mis clientes que observen lo que tienen contratados en las entidades financieras. La gente suele creer que los fondos de inversión de renta fija aseguran una rentabilidad y esto no es para nada cierto. Tan solo son fondos que invierten en activos de renta fija, bien sea pública o bien privada. Cuando escuchamos que la deuda pública de los países más solventes de la Zona Euro está en mínimos históricos y hasta con rentabilidades negativas, asistimos a un momento de la historia con apenas precedentes. En cuanto esos activos vean subir sus rentabilidades en los mercados, que tarde o temprano será así, perjudicarán a aquellos fondos de inversión que los tengan en sus carteras. Cuanto mayor sea la duración de esos activos (por ejemplo una cartera con activos de deuda pública a 10 años en vez de activos de deuda pública a 3 años), mayor será la caída. Corolario, ¿se ha informado de la duración media de los activos de renta fija de su cartera?

- Otro error clásico es el de «Invierto en dólares, porque es la moneda del país más potente del planeta». Las divisas fluctúan por un sin fin de razones, no solo por la balanza comercial del país, sino también por el tipo de interés que otorga este a su moneda, por la inflación de este con respecto al resto de estados, o simplemente por los ataques especulativos. Si quiere comprar hoy dólares, es algo tarde, ha perdido una gran oportunidad, debido a que en el año 2008, la cotización euro/dólar rondaba casi los 1.60, mientras que hoy está en 1.10, lo que ha supuesto una revalorización de la moneda americana con respecto a la nuestra de un 31,25%, pero ver el dólar más bajo aún de lo que está hoy, va a ser un tema más delicado.

- Invierto en Bolsa porque a largo plazo siempre se gana. Si le oyera está frase un japonés posiblemente pensaría que acaba de salir del manicomio dado que el índice japonés *Nikkei* alcanzó su máximo histórico allá por el año 1989 cerca de los niveles de 40.000 y en febrero de 2009 cotizaba por 7.568, es decir una caída de un 81% durante 20 años, y no empezó a recuperarse hasta bien entrado el 2012 en el que los efectos de una política monetaria expansiva imitando a la Reserva Federal de

USA ayudaron a salir de un largo letargo a la economía japonesa.

- Prefiero invertir en fondos de inversión de gestoras españolas porque así el dinero está cerca, en el país. A veces, el cliente prefiere una gestora española porque cree que así es más fácil poder reclamar el dinero en caso de quiebra de la misma, pero los canales de supervisión en los países más desarrollados del mundo posiblemente sean hasta más eficientes que los españoles.

- ¿Y si quiebra una gestora de fondos? Si quiebra una gestora, esta no es dueña de nuestro dinero. Aparte de la supervisión de la CNMV sobre las mismas, lo que se haría sería pasar la gestión a otra entidad y, aun así, también existe la garantía de 100.000€ en fondos de inversión por titular y entidad que supone el Fondo de Garantías de Inversiones una vez que la entidad ha pasado a concurso judicial.

- «No vendo la posición porque tengo grandes minusvalías. Ya subirá». Este error es una lacra para muchos inversores. Si invierto 100.000 y pierdo un 30% en un periodo, el valor que tendré al finalizar éste será de 70.000€. Para recuperar los 100.000, la bolsa tendrá que subir un 42,85%, es decir mucho más de lo que bajó para tan solo recuperarlo. Esto implica que si una posición empieza a tener minusvalías importantes hay que cortarlas.

Podríamos escribir un libro aparte con este tipo de errores por desconocimiento

En definitiva, lo que quiero transmitirles es que invertir en acciones, en fondos de inversión o en ETFs, exige estar asesorado por profesionales, dedicación, cautela, información, contrastación, paciencia y no dejarse llevar por consejos de cualquiera que les diga que han obtenido rentabilidades extraordinarias.

Fiscalidad. Un asunto estratégico

Cuando vendemos acciones, fondos de inversión, ETFs o CFDs puede suceder que se originen plusvalías o minusvalías. En estos casos, se deben incluir en la base del ahorro, en la partida de ganancias y pérdidas patrimoniales, hacemos una anotación y los dividendos que obtenemos de las acciones no los consideramos ganancias y pérdidas patrimoniales, sino rendimientos del capital mobiliario. En este caso estaríamos analizando la venta de las acciones.

En el caso de las acciones y los ETFs no hay ninguna retención, mientras que en los fondos de inversión se retiene un 19% como adelanto a Hacienda.

Posteriormente, una vez que en la declaración ya se tienen puestas todas la ventas, cada una bien con plusvalías bien con minusvalías, se «compensan» unas con otras para tributar o no en caso de que el total del año haya salido o no, con plusvalías.

Si la suma total ha salido con plusvalías nos encontramos con los siguientes tramos impositivos en la base del ahorro.

Ganancias		Tipo de gravamen
Desde	Hasta	(%)
0 €	6.000 €	19 %
6.001 €	50.000 €	21 %
50.001 €	En adelante	23 %

Una vez tengamos la tributación calculada Hacienda tendrá en cuenta que ya le hemos adelantado la retención sobre las plusvalías generadas en fondos de inversión.

¿Pero, y si la venta me sale con minusvalías?

La ley es generosa, pues nos permite dos alternativas más. Si tenemos minusvalías podemos compensarlas con los intereses generados de depósitos, intereses de cuenta corriente, prestaciones de seguros de ahorro, intereses de rentas vitalicias, dividendos, etc. que son considerados como rendimientos de capital mobiliario. La ley nos permite compensar las minusvalías comentadas con hasta el 20% de los intereses de las mismas.

La ley también permite, en el caso de que siguiera habiendo minusvalías de acciones, fondos de inversión, ETFS, CFDs, etc., compensarlas con plusvalías dentro de los próximos 4 años.

Posibilidad de compensación con la venta de inmuebles.

En el capítulo que trata la venta de inmuebles volveremos a sacar este tema, pero ahora mismo es importante recordar que la venta de una segunda vivienda o un local son consideradas también ganancias y pérdidas patrimoniales y que la plusvalía que generan se puede usar para compensar pérdidas en una partida de, por ejemplo, fondos de inversión. Cuando hablamos de inmuebles con cierta antigüedad y que gozan de altas plusvalías no se nos puede pasar por alto que, si tuviéramos una partida de acciones o fondos de inversión con minusvalías, esta jugada nos puede ahorrar un dineral en impuestos.

Les remitimos al capítulo de los inmuebles para analizar todo esto más profundamente.

Cuidado con la norma anti-aplicación.

La posibilidad de compensar pérdidas patrimoniales es, sin lugar a dudas, un interesantísimo instrumento de planificación fiscal de las inversiones en los mercados, pero hay un asunto que tenemos que tener en cuenta, y es que hay una norma que no siempre lo permite.

Se exige, en el caso de que sean valores admitidos a negociación en los mercados secundarios oficiales, que el contribuyente no haya adquirido valores homogéneos dentro de los 2 meses anteriores o posteriores a dichas transmisiones. Y si los valores no están admitidos a negociación en un mercado oficial, se exige un año antes o posterior a la venta.

La atractiva fiscalidad de los fondos de inversión.

La posibilidad de traspasar fondos de inversión cuyo titular es una persona física (no se permite a una persona jurídica) de un fondo a otro o de una entidad a otra sin tributar permite el diferimiento de la tributación, lo que origina que las plusvalías de mañana se construyan sobre el capital original y también sobre las plusvalías originadas hasta hoy. Esto es lo que se denomina interés compuesto.

Albert Einstein decía que el interés compuesto era la fuerza más poderosa de la galaxia. Efectivamente, ese «extra» de rentabilidad debe ser valorado más que positivamente por las personas. Pero ahí no queda la cosa, y es que si vamos reembolsando periódicamente en la cuenta corriente algún dinero que provenga del saldo de unos fondos de inversión, lo que iremos «vendiendo» son participaciones (que viene a ser como el capital inicial) y sus plusvalías correspondientes, y dado que se va tributando solo por las plusvalías, el tipo efectivo al cabo de un año de reembolsos es mucho menor que el 19%, tipo mínimo de la base del ahorro. ¡Eso es un «chollo»! Y la gente no lo valora adecuadamente.

Otra alternativa más que interesante es cuando la persona ha ido adquiriendo participaciones de varios fondos en varios momentos. Como la venta de cierta parte del fondo de inversión sigue el Método FIFO (también ocurre con acciones o ETFs), se venden primero las participaciones que primero se han adquirido, por lo que se pueden encontrar varios fondos de inversión con diferentes momentos de adquisición en los que se puede «jugar» a compensar fiscalmente plusvalías con minusvalías.

Fiscalidad.
Fondos de inversión *vs* planes de pensiones.

Es necesario hacer una parada en esta disyuntiva que se plantean muchas personas una vez llegada la jubilación.

Me ha pasado ya con varios clientes, y lo veo lógico, que al llegar la jubilación les llaman para ver cómo recuperar el plan de pensiones. Siempre es conveniente hacer una parada y analizar más despacio el escenario, ya que no es lo mismo, por ejemplo, que un autónomo tenga un plan de pensiones necesario para complementar su pensión, la cual no llega ni a la mitad de la máxima que otorga la Seguridad Social y algún ahorro pequeño para imprevistos, que tener la pensión máxima con un plan de pensiones de 100.000€ y 100.000€ en fondos de inversión. En este último caso, es óptimo ir reembolsando el fondo de inversión, pues la fiscalidad de este es mucho más beneficiosa que la del plan de pensiones, el cual deberíamos dejarlo como última opción para percibir ingresos del mismo, al ser estas rentas del trabajo del perceptor que tributan entre el 19% y el 45% en el caso de ser percibidas periódicamente desde el plan de pensiones.

No obstante es preciso realizar simulaciones fiscales para el caso de los planes de pensiones ya que se mantiene la exención del 40% de las cantidades percibidas de una vez (se denomina prestación en forma de capital) y que se hayan aportado antes del 1-1-2007. Profundizaremos en esos aspectos en el capítulo correspondiente a ellos.

La ventaja fiscal de la «plusvalía del muerto»

Otro aspecto fiscal importante a la hora de planificar la herencia es que si disponemos de fondos de inversión, los herederos no tendrán que pagar por las ganancias patrimoniales acumuladas en IRPF desde que lo contrató el fallecido.

El heredero tomará como punto de partida el valor del fondo del día del fallecimiento del difunto, por lo que pagará solo el impuesto de sucesiones correspondiente y no por las plusvalías en el IRPF.

Fórmulas aseguradoras de ahorro

Los seguros de ahorro han tenido una evolución creciente en estos años, si bien es cierto que en España se contratan menos que en los países más avanzados de la Unión Europea.

Las modalidades son variadísimas, desde los tradicionales seguros de ahorro con un interés «técnico» garantizado (no confundir con el interés tal y como los conocemos de los depósitos) hasta los *Unit Link*, que son seguros que invierten las provisiones en fondos de inversión cuyo funcionamiento ha de ser explicado al cliente. Por lo general, los clientes no suelen entender este concepto, pues al leer «seguro» de ahorro entienden que el capital aportado por ellos estará garantizado en cualquier momento y no es así.

Vamos a analizar las peculiaridades de los productos más comercializados.

Seguros de rentas vitalicias o temporales

Vamos a centrarnos en aquellas modalidades que son contratadas de manera personal por los ciudadanos, ya que también son instrumentos interesantes si se contratan a través de la empresa, aunque las connotaciones fiscales varían mucho de una a otra posibilidad. Ambas aseguran un dinero de manera periódica al beneficiario. La diferencia clave entre ambas estriba en que en el caso de las de rentas vitalicias se pagará la renta periódica mientras el asegurado viva y en el caso de las temporales, como su nombre indica, es tan solo por un periodo determinado de tiempo.

Ambas modalidades tienen un incentivo más que interesante, y es la fiscalidad bonificada. Analicemos el caso de los seguros de rentas que se perciben en la modalidad inmediata.

Rentas vitalicias

En el caso de rentas vitalicias inmediatas se considerará rendimiento de capital mobiliario el resultado de aplicar a cada anualidad los porcentajes siguientes:

— 40 % cuando el perceptor tenga menos de 40 años.

— 35 % cuando el perceptor tenga entre 40 y 49 años.

— 28 % cuando el perceptor tenga entre 50 y 59 años.

— 24 % cuando el perceptor tenga entre 60 y 65 años.

— 20 % cuando el perceptor tenga entre 66 y 69 años.

— 8 % cuando el perceptor tenga más de 70 años.

Estos porcentajes serán los correspondientes a la edad del beneficiario en el momento de la constitución de la renta y permanecerán constantes durante toda la vigencia de la misma.

Ello implica que si una persona tiene más de 70 años y contrata una modalidad de estas características para complementar sus ingresos una vez jubilado, la fiscalidad efectiva se iría a tan solo un 1,52% si los intereses fuesen menores de 6000€/año al estar exentos el 92% de los mismos; es un regalito.

Ese incentivo tiene todo el sentido político, ya que así se incentiva que las personas de más edad contraten estas modalidades, las cuales pasan a ser un importante complemento mensual a la pensión de jubilación que percibe el ciudadano. Dada la situación de las pensiones a la que estamos abocados en nuestro país es lógico que cada vez vayan cobrando más protagonismo y que se conviertan en un referente de las carteras de las personas de más edad de nuestro país.

Una importante ventaja fiscal en el caso de la venta de inmuebles

Una de las ventajas fiscales añadidas, y que también analizaremos en el capítulo de los inmuebles, es que si contratamos la renta vitalicia con el capital que se ha obtenido de la venta de una segunda vivienda.

Para ello es necesario que:

— El contribuyente sea mayor de 65 años.

— El importe de la venta sea destinado a la contratación el seguro de rentas vitalicias.

— Se establezca un plazo máximo para ello de 6 meses desde la venta del inmueble.

— El tomador del seguro sea contribuyente y a la par beneficiario de la misma y además notifique a la aseguradora que el capital proviene de la venta de un inmueble.

— Se establezca un máximo de 240.000€ con derecho a exención fiscal.

— Se pueda reinvertir una parte de la venta, por lo que se deberá de realizar un cálculo proporcional para hallar la exención.

El incumplimiento de estos pasos o el rescate posterior de la póliza de rentas vitalicias daría lugar a la necesidad de realizar una declaración complementaria por las ganancias patrimoniales derivadas de la venta del inmueble.

Rentas temporales

Pensemos en el otro caso, es decir, en las rentas temporales.

Si se trata de rentas temporales inmediatas, ello implica que se considerará rendimiento del capital mobiliario el resultado de aplicar a cada anualidad los porcentajes siguientes:

— 12 % cuando la renta tenga una duración inferior o igual a 5 años.

— 16 % cuando la renta tenga una duración superior a cinco e inferior o igual a 10 años.

— 20 %, cuando la renta tenga una duración superior a diez e inferior o igual a 15 años.

— 25 % cuando la renta tenga una duración superior a 15 años.

Como ejemplo, podemos ver que si contrato a 5 años una modalidad de la misma, solo el 12% de la anualidades percibidas estará sujeta al tipo de gravamen de la base de ahorro.

Esta modalidad de rentas temporales ha perdido mucho atractivo debido a los bajos tipos de interés en la Zona Euro.

PIAS y SIALP

Estas modalidades se han ido legislando paulatinamente con la finalidad de facilitar el ahorro a medio y largo plazo.

Los incentivos fiscales siempre desempeñan un papel muy importante a la hora de incentivar y fomentar el ahorro.

Los PIAS son fórmulas aseguradoras que nacieron otorgando un tipo de interés técnico asegurado con el que el producto a la hora de vencer iba a dar unos rendimientos positivos en todas las ocasiones siempre y cuando estuvieran contratados hasta la fecha de su vencimiento.

Aquí debemos de aclarar algún punto importante para seleccionar la modalidad oportuna.

Dado que los tipos de interés están tan cercanos a cero, las entidades aseguradoras han emitido desde hace algunos años los denominados PIAS Link con la finalidad de invertir el dinero en fondos de inversión para intentar obtener mayor rendimiento para el cliente. Ello implica que no están asegurados los rendimientos, por lo que el ahorrador debe madurar la idea. La gracia de PIAS Link está en que, si al vencer el producto se transforma en rentas vitalicias, los rendimientos que se han obtenido estarán 100% exentos de IRPF. Es decir, hay que esperar al vencimiento, el cual deberá tener una antigüedad mínima de 5 años y transformar la totalidad en la modalidad de rentas vitalicias. La planificación es muy necesaria en este caso dado que si contratamos las rentas vitalicias con la idea de aprovecharnos de la exención fiscal y ejecutamos el rescate pasado un tiempo, tendremos que ajustar con Hacienda la exención fiscal de la cual nos aprovechamos en su momento.

Las aportaciones máximas anuales son de 8000 €/año y el total al vencimiento, con derecho a exenciones fiscales, es de 240.000 €.

Unit Linked

Son productos de gran éxito, lástima que ya no gocen, desde el año pasado, de la exención fiscal en el Impuesto de Patrimonio.

Las modalidades son infinitas, ya que cada *Unit Linked* que emiten las aseguradoras invierten bien en acciones, en fondo de inversión, en divisas y en muchas cosas más, lo cual permite una flexibilidad de elección más que interesante. También incluyen un seguro de vida que protege a la familia del fallecimiento del tomador.

Son seguros de ahorro, pero no se equivoquen, porque ni el capital ni la rentabilidad tienen por qué estar aseguradas, ya que el riesgo lo asume el tomador y este debe analizar bien las características del *Unit Linked* que desea contratar.

Para los excesos de tesorería de empresas es un importante aliado.

Esto se debe a que permite el traslado interno de fondos de inversión o de activos dentro del propio *Unit Linked,* de tal forma que no se tributará por estos movimientos de capital, lo cual no es viable para el caso de ahorros de la empresa si la misma invierte en activos de renta variable o en fondos de inversión directamente.

Los *Unit Linked* contratados personalmente también ofrecen ventajas a aquellos que los contratan de manera personal. Ello se debe a que gozan también de las virtudes del resto de seguros de ahorro a la hora de la planificación sucesoria en la familia, que es precisamente lo que vamos analizar a continuación.

El seguro de ahorro y la planificación de la herencia

Sin lugar a dudas, un valioso aspecto de estos productos es la posibilidad de planificar la herencia a través de los seguros de vida/ahorro través de sus diferentes modalidades. Todo seguro de vida-ahorro, tiene tres figuras personales en el contrato: el tomador, el asegurado y los beneficiarios.

El tomador, en caso de fallecimiento del asegurado, puede determinar los beneficiarios que él desee y en las proporciones que estime.

Una vez que surge una desgracia como el fallecimiento del asegurado en un seguro contratado individualmente, el impuesto de sucesiones y donaciones permite la liquidación «parcial» del impuesto para el caso de estos seguros, lo que permite una rapidez de gran valor para los herederos, que pueden así disponer de liquidez para abordar el resto de los gastos de la herencia.

Recuerden que en caso de fallecimiento, el resto del patrimonio como depósitos, inmuebles acciones, fondos de inversión y demás pasan por un lento trámite que hasta que se líquida el impuesto del total del patrimonio.

Otro aspecto importante de un valor creciente es que en España cada vez es más frecuente la unión de personas ya divorciadas que rehacen su vida sin dar el paso de volver a casarse y la existencia de parejas con hijos que conviven sin estar casados y sin ser parejas de hecho. Todo esto supone que a la hora de fallecer uno de los dos, el superviviente tiene que soportar un gravamen importante si quiere heredar los bienes del difunto, porque el grado de parentesco de una pareja que no está casada con el fallecido es el IV, y eso es un «problemón» de cara al Impuesto de Sucesiones.

Anexamos el multiplicador que se aplica a la hora de hallar el impuesto a pagar por sucesiones para cada grupo de parentesco en función de su patrimonio preexistente, donde para los casos mencionados el multiplicador estaría entre 2 y 2,4 es decir,el doble de si le dejas patrimonio a un cónyuge.

Patrimonio preexistente Euros	Grupos del artículo 20 de la Ley del ISD		
	I y II	III	IV
De 0 a 402.678,11	1,0000	1,5882	2,0000
De más de 402.678,11 a 2.007.380,43	1,0500	1,6676	2,1000
De más de 2.007.380,43 a 4.020.770,98	1,1000	1,7471	2,2000
Más de 4.020.770,98	1,2000	1,9059	2,4000

No debemos pasar por alto que hay una ventaja más que interesante a la hora de percibir una cantidad de un seguro de vida en el caso de que el beneficiario sea cónyuge, ascendente o descendente del contratante fallecido y es que están exentos 9.195,49€ a nivel estatal, pudiendo la comunidad autónoma establecer una mayor exención.

Es necesario analizar el impuesto de sucesiones en la comunidad donde residimos para poder valorar si es interesante contratar estos productos para ahorrar impuestos a los herederos.

A finales del año 2019, las comunidades donde todavía tienen un gravamen alto en el Impuesto de Sucesiones son, (Andalucía ha suprimido el Impuesto este año) Aragón, Asturias, Castilla y León, Comunidad Valenciana y Castilla La Mancha, por lo que en estas comunidades se hace más necesario la existencia de estos seguros.

Gestión de planes de pensiones, PPAs y demás sistemas de previsión

Si hay una gama de productos que nació para ser exclusivamente un verdadero complemento a la Pensión de Jubilación, esos son los planes de pensiones y demás sistemas de previsión, los cuales ya son contratados en un 62% como vehículo para preparar complementos de la jubilación.

En mi día a día con los clientes me encuentro con gente que es consciente de la potencia de la desgravación de este tipo de productos, y con personas que, por desconocimiento o por haber escuchado alguna mala experiencia de algún conocido, son reacios, pero son unos extraordinarios productos. Al menos en este capítulo, intentaré hacer llegar al lector las ventajas de los mismos, que son muchas, y algún consejo, para no tomar algunas decisiones menos afortunadas.

Una praxis bancaria poco afortunada es la aportación a los mismos debido a que se ha contratado una hipoteca en el banco, y para rebajar el tipo de interés al ser «obligatoria» su contratación. Es como si me voy a comprar un coche y me obligaran en el concesionario a salir con una scooter.

Otra mala praxis bancaria es la ya casi desaparecida vajilla que te regalaban en el banco por aportar al plan de pensiones. Seguro que hay algún fabricante en España de vajillas que se volvió millonario con esta práctica.

Ahora está de moda el «regalar» un 4 o un 5 por ciento si estás en el banco unos cuantos años con el plan de pensiones. En este último caso impresiona la ingenuidad del cliente, que sale del banco pensando que verdaderamente le han hecho un «regalo».

Primero, el «regalo» tributará como retribución en especie en la Declaración de la Renta del cliente, por lo que Hacienda sí recibe un regalito, que está entre el 24% y el 45% de lo que el banco me ha ingresado y que tengo que darle como contribuyente al Estado.

Segundo, ¿cree que el banco no va a recuperar ese tanto por ciento en forma de comisiones? ¿De verdad lo cree así?

En fin, lo que sí quiero transmitirles es que si lo que queremos es tener un patrimonio para disfrutar de una vida cómoda después de una vida laboral, ahí seguro que el plan de pensiones puede ser un generoso aliado.

La potente ventaja fiscal de las aportaciones a planes de pensiones

La verdadera potencia de estos productos siempre ha estado en la desgravación fiscal que suponen sus aportaciones. Cómo desgravan en la Base Imponible General, el ahorro mínimo de impuestos será el 24% y el máximo de un 45% de lo que se aporta.

Lo máximo que puedo aportar a la totalidad de planes de pensiones y planes de previsión asegurados no puede exceder de 8000 €/año en su conjunto.

Se me he pasado comentar que tenemos hasta el 30 de junio del año siguiente para retirarlo: podemos como máximo los 8000€ siempre y cuando no excedan del 30% de los Rendimientos Netos del Trabajo y Actividades Económicas. Si exceden de esa cantidad, solo podremos desgravarnos una parte este año, pero no se preocupen, porque Hacienda nos permitirá hacerlo en los 5 años siguientes.

Plan de pensiones del cónyuge

También existen ventajas fiscales si aporto al plan de pensiones de mi cónyuge, ya que también puedo desgravarlo siempre y cuando la aportación máxima que haga para el cónyuge sean de 2500€/año y este no perciba réditos del trabajo o de actividades económicas que superen los 8000€/año.

Personas con discapacidad

Para aquellas personas que tienen discapacidad, es acertado y coherente que la ley favorezca más aún la desgravación fiscal de sus aportaciones al plan de pensiones.

La ley exige que para tener derecho a reducción fiscal la discapacidad debe darse en algunas de estas tres posibilidades:

— Personas con discapacidad psíquica mayor o igual al 33%.

— Personas con discapacidad física o sensorial mayor o igual al 65%.

— Personas con discapacidad declarada judicialmente.

El propio partícipe discapacitado puede aportar un máximo de 24.250€/año y los familiares, en línea directa o colateral, hasta tercer grado inclusive, así como el cónyuge o quienes le tuvieran a su cargo en régimen de tutela o acogimiento, podrán aportar hasta 10.000€/año. Estos familiares pueden desgravarse de su declaración la aportación realizada en favor del discapacitado, mientras que el partícipe discapacitado, solo podrá desgravarse como máximo 24.250€/año, aunque la aportación realizada por él, más la de los familiares, haya sido mayor .

También existen ventajas fiscales cuando el discapacitado empieza a percibir cantidades desde los diferentes planes de pensiones y previsión.

Si lo percibe en forma de renta, es decir periódicamente, las prestaciones anuales tendrán una exención en IRPF de hasta tres veces el IPREM (Indicador Público de Renta de Efectos públicos).

Un ejemplo numérico de ahorro fiscal.

Existe un error común en el asesoramiento a la hora de calcular la totalidad de ganancia que supone contratar un plan de pensiones.

Si el cliente tiene unos ingresos de 75.000€ y lo contrata desde los 42 años, el ahorro fiscal de la aportación máxima, que es de 8000€, asciende al 45% de los mismos, es decir, 3.600€ que le devolvería Hacienda.

Si suponemos un 2% de rentabilidad media anual, por poner un escenario, los 25 años en los que el partícipe ha aportado un total de 200.000€ se habrán convertido en un total de 261.367 €, pero debemos tener en cuenta la reinversión de los 3600€ que nos da Hacienda por el ahorro fiscal, que se convertirán después de 25 años en 117.615 €.

El impacto patrimonial de aportar 8.000 € durante 25 años al 2% supone tener al final un capital acumulado de 378.982 €, lo que implica un 189% de patrimonio final con respecto al aportado, una cifra exuberante para un supuesto de tan solo un 2% de rentabilidad media.

De ahí que no sea de extrañar que este sea un extraordinario vehículo de ahorro para las rentas más altas.

¿Y cuánto supondría para el caso de una persona con la misma edad que gane 30.000 € al año y aporte 300€/mes? En este caso, el tipo de desgravación es del 30% de lo aportado, y el capital acumulado para su jubilación será de 152.899€, lo que le permitirá mantener un nivel mayor de vida tras dejar de trabajar.

Necesaria gestión de los planes de pensiones.

Que una persona contrate un plan de pensiones con, por ejemplo, 42 años, implica que va a estar más de 20 años en activos de los mercados financieros a través de dicho fondo.

Ello implica que, dado que los mercados financieros tanto de renta fija como de renta variable sufren alteraciones continuamente y de vez en cuando podemos ver tendencias alcistas o bajistas pronunciadas, es más que nunca necesario el asesoramiento para tener la modalidad adecuada del plan de pensiones.

Ahora las gestoras de planes de pensiones están sacando nuevas modalidades como las «carteras gestionadas».

En función de un perfil de riesgo del cliente, determinado por la edad de este y la parte de renta variable máxima que desea asumir, se realiza una cartera de los diferentes planes de pensiones y se van realizando por parte de la propia gestora los cambios oportunos de ponderación entre los mismos en cuanto se dan cambios significativos en los mercados.

Hoy en día, por poner un par de ejemplos, es necesario estar atento a la evolución de la bolsa americana, la cual después de dos años en los que anunciaba un agotamiento normal después de casi una década de crecimiento, vuelve a sacar pecho en un momento difícil, principalmente debido a un dólar que hace menos atractivos los productos norteamericanos, y una crisis comercial con China que no tiene pinta de acabar muy bien.

De ahí que debamos meditar si no debo estar muy expuesto a planes de pensiones con carteras de renta variable USA.

Otro ejemplo a tener en cuenta es que la situación de la deuda pública en Alemania está llegando a cotas impensables. El bono alemán a 10 años ha vuelto este año 2019 a estar por debajo de 0% (en el momento que escribo esto está en -0,335%), por lo que los planes de pensiones de renta fija a largo plazo con carteras en este tipo de activos pueden estar ganando unas plusvalías que pueden darse la vuelta en cualquier momento.

Mientras, los planes de pensiones de renta fija a corto plazo siguen dando rentabilidades negativas dada la evolución de este tipos activos (la deuda pública a dos años española está en -0,411%).

Esta situación anómala de la renta fija en Europa hace necesario que cualquier persona que tenga un plan de previsión asegurado (PPA) a interés casado, que es el que se utiliza normalmente para primas únicas y traslados, deba valorar si es el momento de salir «corriendo» por haber obtenido unas fantásticas plusvalías y posicionarse en otro tipo de PPA o en otro plan de pensiones.

En definitiva, la clave en los planes de pensiones está en trasladarlos a la categoría adecuada a la que pertenece el plan en función de los cambios en los mercados financieros.

Prestación de planes de pensiones

La ley deja claro las causas por las cuales puedo hacer líquido un plan de pensiones o un plan de previsión.

Debo estar jubilado, tener alguna invalidez, fallecer, estar desempleado por largo tiempo, padecer una enfermedad grave, haber sido desahuciado de mi vivienda, estar en situación de dependencia o, desde hace poco tiempo, tener una duración mínima de 10 años (la cual se permitirá desde el 1 de enero del 2025).

Aunque en el caso de los planes de pensiones de empleo, es decir aquellos hechos en la empresa donde trabajo, la liquidez en el caso de los 10 años de antigüedad debe estar establecida en el reglamento del mismo. Si no se ha establecido así en el mismo, puede ser que no se pueda «recoger» el plan hasta el momento del fallecimiento o la jubilación.

Sea como fuere, la percepción de un capital y/o de rentas periódicas desde estos sistemas de previsión son considerados rendimientos del trabajo, por lo que van a tributar entre el 24% y el 45%. ¿De qué va a depender ello? Dependerá del resto de ingresos del participe en base imponible general como la pensión de jubilación o algún alquiler de un piso.

De ahí que habrá que hacer varias simulaciones fiscales para que la persona encuentre un equilibrio entre mantener un nivel determinado de vida, la factura fiscal, y dejar un patrimonio determinado a los herederos.

Entre estas simulaciones fiscales, hay que valorar si se percibe en forma de capital (es decir, de golpe) la totalidad del plan de pensiones o si se percibe en forma de capital la parte que tiene derecho a la exención de un 40%, que son los derechos económicos de aportaciones realizadas antes del 1 de enero de 2007.

Para disponer de esta exención del 40% por percibir el plan de pensiones en forma de capital (es decir, «de golpe»), desde el 2015 se dispondrá de dos años para ejercitarla una vez acaecida la contingencia por la que se hace líquido el plan.

Otro aspecto a valorar y que hemos aconsejado en el capítulo de fondos de inversión, es que si se dispone de un capital elevado en estos, se opte primeramente por hacer líquidos los fondos de inversión y en un segundo plano se opte por los planes de pensiones por la menor fiscalidad de los primeros.

Planes de pensiones y crisis

Hay unos casos que debemos de valorar, dada la trascendencia que tienen en nuestras vidas, en las que los planes de pensiones tienen una importancia vital. Veámoslos:

- El plan de pensiones es un bien privativo, por lo que es transcendente ante un divorcio. A pesar de ello, cuando se perciba el plan de pensiones, las aportaciones realizadas mientras se estaba en régimen de gananciales serán también un derecho del cónyuge aunque ya haya habido un divorcio. Esto no será así en el caso del plan de pensiones de empleo que se haya realizado desde la empresa, al cual nunca tendrá acceso el ex cónyuge.

- Los derechos consolidados del plan de pensiones son inembargables. Mientras no se dé la causa para solicitar la prestación de los mismos, son inembargables, por lo que tradicionalmente han sido un potente vehículo de protección del patrimonio personal. Aun así, dado que desde el 1 de enero de 2025 se podrán hacer líquidos los planes de pensiones con duración de más de 10 años, la DGSFP se ha manifestado que sí podrán ser objeto de embargo y traba judicial o administrativa.

Planes de pensiones
y herencia del partícipe

Es importante destacar el papel relevante que tienen los planes de pensiones en la herencia debido a que una de las figuras designadas en el mismo son los beneficiarios. A falta de testamento se atenderá siempre a lo que se designe en ese apartado de beneficiarios.

Si existe testamento, y lo que se designa en ello es distinto de lo que se han puesto en el propio plan de pensiones, se atenderá a lo que se ha hecho más recientemente. Y si no hay testamento y no se ha designado beneficiario en el plan de pensiones se atenderán a los herederos legales (cónyuge y descendientes).

En caso de fallecimiento del partícipe (es decir, el titular del plan de pensiones), los beneficiarios tributarán como rendimientos del trabajo.

Esto supone un problema fiscal para el beneficiario, ya que la factura impositiva de este patrimonio será alta. Asimismo, ha sido objeto de continuos objetivos en programas electorales de algunos partidos políticos, dado que la discriminación que realizan con respecto al resto del patrimonio puede ser elevado, ya que la cantidad percibida puede irse a un gravamen del 45%. Aun así, es recomendable, como salida airosa y de fácil puesta en marcha el calcular la fiscalidad del IRPF del perceptor del plan de pensiones, y efectuar posteriormente un seguro de vida por ese capital para anular así el impacto fiscal que se pudiera venir encima en caso de fallecimiento del partícipe.

Sistemas de previsión social realizados en la empresa

Ya hemos comentado en este capítulo que los planes de pensiones y de previsión pueden realizarse de manera individual y de manera empresarial (incluso también cabe la posibilidad de un plan de pensiones realizado desde una asociación).

En la empresa hay algunas fórmulas de ahorro vinculadas a la jubilación, incapacidad, fallecimiento o dependencia que tenemos que analizar. Se denominan «compromisos por pensiones» y se instrumentan mediante planes de pensiones o seguros colectivos. En el caso de instrumentalizarse mediante seguro colectivo de ahorro gozan de la característica de salario diferido a medio o largo plazo, puesto que se tributará por el mismo una vez se jubile o se quede incapacitado el trabajador. No sé imputarán en IRPF los primeros 100.000€ que la empresa aporte a los mismos para cada trabajador, de ahí que sean utilizados por las grandes empresas para altos ejecutivos.

Imagínese un alto ejecutivo de 57 años que está negociando su salario con el dueño de una empresa de cierto tamaño y que piensa jubilarse con 67 años. Este le ofrece un salario anual de 300.000€, por lo que el salario neto después de IRPF será para el alto ejecutivo de 178.203 € debido a que Hacienda se queda con la friolera de 121.797€. Imagínese que valoran emitir un *Unit Linked* para dar forma a un compromiso por pensiones de 100.000€ /año hasta la edad de jubilación y obtienen una media de un 2% de rentabilidad anual.

El salario neto anual lógicamente desciende algo, pero lo adecuado para mantener un alto nivel de vida, esto es 123.203 €/año. Donde está la gracia, es que el compromiso por pensiones ascenderá una vez se vaya a jubilar a los 67 años a 1.116.871€, por lo que la jubilación para este trabajador, a pesar del tener que tributar como rendimientos del trabajo, más que una jubilación, es una fiesta.

Cuando comienzan a ser percibidos por jubilación son considerados como rendimientos del trabajo, por lo que volvemos a poner el acento en la necesidad de hacer simulaciones fiscales para optimizar su percepción. Mientras que si el trabajador fallece, el capital ahorrado hasta ese momento pasará a los beneficiarios a través del impuesto de sucesiones, por lo que mejora la fiscalidad de los planes de pensiones de empleo.

Dado que los tipos de interés son tan bajos, las aseguradoras han empezado a ofertar compromisos por pensiones instrumentalizados a través de *Unit Linked* para intentar obtener rentabilidades más altas a través de los mercados financieros. Ello implica que sean un producto estrella para los altos ejecutivos del país al tener las ventajas fiscales mencionadas y añadirle la posibilidad de obtener buenos rendimientos por las inversiones.

Simulación fiscal de la percepción y planificación de impuesto de sucesiones

Imagínese que se jubila y tiene plan de pensiones individual, uno de empleo paralizado a través de una empresa en la que trabajó hace años y un *premium* de jubilación, un compromiso por pensiones realizado en la actual empresa (entre usted y yo, bendito problema). Todo se considerará rendimientos del trabajo, por lo que debe realizar simulaciones fiscales para realizar una planificación adecuada de como percibirlos (cantidad en forma de capital, mensualidades, tramos impositivos y patrimonio para herederos).

Un consejo, dado que el *premium* de jubilación, o compromiso por pensiones, tiene la tributación de fallecimiento más benévola, yo lo iría recuperando más lentamente que los demás.

Gestión del patrimonio del trabajador envuelto en ERE o en un plan de baja incentivada

Cuando un trabajador se ve envuelto en un «proceso voluntario de Bajas Incentivadas», normalmente va a conocer el salario neto que va a percibir hasta una edad determinada y la pensión que le va a quedar, ya que ambas han sido acordadas.

Las cuantías que se perciben no están exentas de IRPF, ya que este proceso no es considerado un despido sino un acuerdo, y tributarán como rendimientos de trabajo todas las cantidades que se perciban.

En cambio, si se ha procedido un ERE, desde abril de este año, las empresas no inmersas en concurso de acreedores están obligadas a pagar el Convenio Especial para Mayores de 55 años afectados por ERE. Esta obligación será efectiva hasta los 63 años o los 61 años si el ERE es de carácter económico.

A partir de esa edad, serán los propios trabajadores los que tendrán que hacerse cargo de las cuotas a la Seguridad Social, siempre de manera voluntaria, tras las últimas decisiones de los tribunales.

En caso de despido, es importante recalcar que la indemnización está exenta en los primeros 180.000€ y que la parte sujeta a gravamen tendrá una exención del 30% por ser generada en más de 2 años.

El problema en este último caso es que los trabajadores se encuentran con una indemnización en la cuenta corriente que les lleva a acometer determinados excesos de manera rápida, pudiendo así descuidar la pensión de jubilación que les pueda quedar.

Empresario jubilado o titular negocio. Disyuntiva entre la titularidad y la venta

Cuando se tiene un negocio que genera unos ingresos importantes y se llega a una etapa en la que apetece disfrutar de la vida familiar, la disyuntiva que se plantea es si merece la pena mantenerse como propietario de la misma y cobrar dividendos y algún honorario o vender la sociedad.

En el caso de ser socio capitalista ya jubilado y percibir dividendos, los honorarios que percibe dicho socio se realizan una vez pagado el Impuesto de Sociedades (que tiene un tipo impositivo del 25%) y realizadas las dotaciones de reservas legales y estatutarias.

Una vez hecho todo esto, se pueden abonar los dividendos acordados, que tributarán como rendimientos de capital mobiliario entre el 19% y el 23%, efectuándose una retención del 19%.

Es una solución, pero no es una panacea dada la imposición a la que se someten los dividendos hasta llegar a las arcas del socio.

También cabe la posibilidad (la vimos en la primera parte del libro) de percibir pensión en la modalidad «jubilación activa», por la cual es compatible la pensión con el mantenimiento del puesto de administrador único de una sociedad o profesional autónomo.

Si no se contrata a nadie, se tiene derecho al 50% de la pensión y se puede cobrar el 100% de la misma siempre que se tenga contratado al menos a un trabajador por cuenta ajena.

¿Merecerá la pena percibir el 100% de la pensión a pesar de dar de alta a un trabajador?

¿Cuánto es el incremento de pensión de pasar del 50% al 100% comparado con el incremento de costes por contratar un trabajador? En fin, habrá que realizar cálculos para poder tomar una decisión acertada. Por otra parte, a lo mejor lo más deseable es vender la empresa o traspasar el negocio.

Fiscalidad de la venta de empresa o negocio

Si vendo las participaciones de una empresa (esta no debe ser patrimonial, es decir, que no se dedica a arrendar inmuebles) esta queda completamente exenta en el Impuesto de Patrimonio, siempre que se cuente con un porcentaje de participación superior al 5 % (o que su valor de adquisición sea superior a 20 millones de euros) y se detenten con más de un año de antigüedad.

En cambio, en el IRPF las cantidades percibidas son consideradas ganancias patrimoniales y tributarán entre el 19% y 23%, pudiéndose aplicar «coeficientes de abatimiento» para lograr alguna ganancia fiscal sobre un límite total de 400.000€. Una vez superada esta cantidad no hay reducción.

Si traspasamos un negocio, puede darse que el traspaso incluya el local o que este se mantenga en propiedad del propietario del negocio que lo ha puesto en venta, percibiendo así por ello una renta mensual por el alquiler.

En el traspaso del negocio se tiene que tributar por ganancias patrimoniales entre el 19% y el 23%, donde el vendedor debe valorar muy bien los activos intangibles, es decir la clientela, la marca, la reputación, etc., mientras que será más sencillo la valoración de los activos tangibles como la maquinaria y el mobiliario entre otros.

Es importante aclarar que los traspasos de negocios están exentos del IVA, siempre y cuando se haga el traspaso en su totalidad, ya que si los elementos se transmiten por separado ahí sí estarán sujetos al IVA.

Una vez más, antes de tomar una decisión, habrá que plantearse las diferentes opciones para elegir la más conveniente para la situación personal y familiar.

Bibliografía

Ley General de la Seguridad social "Comentada, con jurisprudencia sistematizada y concordancias". Manuel Fernandez-Lomana Garcia. Editorial Francis-Lefebvre 2018.

Mejoras Voluntarias de la Seguridad Social en España .Un estudio de la negociación Colectiva. Enea Ispizua Doma. Ediciones Bomarzo 2019.

A vueltas con las pensiones "reflexiones, ideas y ocurrencias". José Antonio Herce. Lettera Publicaciones 2018.

Tratado del trabajo Autonomo. Guillermo Barrios. Editorial Aranzadi.

Envejecimiento activo y vida laboral. Francisco Javier Maldonado Molina, J.L. Monereo Perez. Ediciones Comares 2019.

Gestion Fiscal de Patrimonios. Coordinador Carlos Marin Lama. Editorial CISS.

La Vivienda.Impuestos y otras experiencias fiscales.La experiencia Europea. Sofía Borgia Sorrosal. Editorial Fundacion Impuestos y Competitividad. Madrid 2017.

Fiscalidad de los productos y servicios financieros. Javier Cabezas Arias. Editorial CEF.

Autores para la formación

Conferencias
EDITATUM

Editatum y **GuíaBurros** te acercan a tus autores favoritos para ofrecerte el servicio de formación GuíaBurros.

Charlas, conferencias y cursos muy prácticos para eventos y formaciones de tu organización.

Autores de referencia, con buena capacidad de comunicación, sentido del humor y destreza para sorprender al auditorio con prácticos análisis, consejos y enfoques que saben imprimir en cada una de sus ponencias.

Conferencias, charlas y cursos que representan un entretenido proceso de aprendizaje vinculado a las más variadas temáticas y disciplinas, destinadas a satisfacer cualquier inquietud por aprender.

Consulta nuestra amplia propuesta en **www.editatumconferencias.com** y organiza eventos de interés para tus asistentes con los mejores profesionales de cada materia.

Nuestras colecciones

CONOCIMIENTO Y SABER Guías para todos aquellos que deseen ampliar sus conocimientos sobre asuntos específicos, grandes personajes, épocas, culturas, religiones, etc., ofreciendo al lector una amplia y rica visión de cada una de las temáticas, accesibles a todos los lectores.

EMPRESA Y NEGOCIO Guías para gestionar con éxito un negocio, vender un producto, servicio o causa o emprender. Pautas para dirigir un equipo de trabajo, crear una campaña de marketing o ejercer un estilo adecuado de liderazgo, etc.

CIENCIA Y TECNOLOGÍA Guías para optimizar la tecnología, aprender a escribir un blog de calidad, sacarle el máximo partido a tu móvil. Orientaciones para un buen posicionamiento SEO, para cautivar desde Facebook, Twitter, Instagram, etc.

CRECIMIENTO PERSONAL Guías para crecer. Cómo crear un blog de calidad, conseguir un ascenso o desarrollar tus habilidades de comunicación. Herramientas para mantenerte motivado, enseñarte a decir NO o descubrirte las claves del éxito, etc.

BIENESTAR Y SALUD Guías prácticas dirigidas a la salud y el bienestar. Cómo gestionar mejor tu tiempo, aprenderás a desconectar o adelgazar comiendo en la oficina. Estrategias para mantenerte joven, ofrecer tu mejor imagen y preservar tu salud física y mental, etc.

HOGAR Y FAMILIA Guías prácticas para la vida doméstica. Consejos para evitar el cyberbulling, crear un huerto urbano o gestionar tus emociones. Orientaciones para decorar reciclando, cocinar para eventos o mantener entretenido a tu hijo, etc.

OCIO Y TIEMPO LIBRE Guías prácticas dirigidas a todas aquellas actividades que no son trabajo ni tareas domésticas esenciales. Juegos, viajes, en definitiva, hobbies que nos hacen disfrutar de nuestro tiempo libre.

DEPORTE Y ACTIVIDAD FÍSICA Guías para aprender o perfeccionar nuestra técnica en deportes o actividades físicas escritas por los mejores profesionales de la forma más instructiva y sencilla posible,

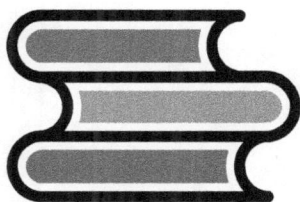

EDITATUM

Libros para crecer

www.editatum.com

www.ingramcontent.com/pod-product-compliance
Lightning Source LLC
Chambersburg PA
CBHW031943190326
41519CB00007B/643